本书受2021年江苏省高等教育教改研究项目“新文科建设视阈下地方本科院校应用型英语专业人才培养体系研究”（2021JSJG685）和2019年江苏省高等教育教改研究项目“新文科建设视阈下校企协同培养应用型翻译人才的模式构建”（2019JSJG656）的双重资助。

新文科建设视阈下英语笔译课程教学模式研究

周学恒　刘　平　著

北京工业大学出版社

图书在版编目（CIP）数据

新文科建设视阈下英语笔译课程教学模式研究 / 周学恒，刘平著. — 北京 ：北京工业大学出版社，2021.4

ISBN 978-7-5639-7938-7

Ⅰ. ①新… Ⅱ. ①周… ②刘… Ⅲ. ①英语－翻译－课堂教学－教学研究 Ⅳ. ① H315.9

中国版本图书馆 CIP 数据核字（2021）第 081832 号

新文科建设视阈下英语笔译课程教学模式研究

XINWENKE JIANSHE SHIYU XIA YINGYU BIYI KECHENG JIAOXUE MOSHI YANJIU

著　　者：周学恒　刘　平
责任编辑：李倩倩
封面设计：知更壹点
出版发行：北京工业大学出版社
（北京市朝阳区平乐园 100 号　邮编：100124）
010-67391722（传真）　bgdcbs@sina.com
经销单位：全国各地新华书店
承印单位：涿州汇美亿浓印刷有限公司
开　　本：710 毫米 ×1000 毫米　1/16
印　　张：11.5
字　　数：230 千字
版　　次：2022 年 7 月第 1 版
印　　次：2022 年 7 月第 1 次印刷
标准书号：ISBN 978-7-5639-7938-7
定　　价：84.00 元

作者简介

周学恒，男，1981 年出生，江苏省盐城市人，吉林大学语言学在读博士，哈尔滨工程大学硕士，现为盐城工学院外语学院副教授。研究方向：翻译教学、语篇分析。主持完成江苏省“十三五”教育规划课题一项、市厅级课题两项，在研江苏省高等教育学会与校教改重点课题各一项，发表论文十余篇。

刘平，女，1968 年出生，江苏省盐城市人，硕士，毕业于南京大学，现为盐城工学院外语学院院长、教授、硕士生导师。研究方向：认知翻译学、英语教学。主持完成江苏省哲学社会科学研究项目一项，校级科教研项目多项，发表核心及以上论文多篇。

前　言

在新技术的推动、新需求的产生以及新国情的需要等时代背景下，我国“新文科”的概念产生并显示出一系列新特性。新文科是指对传统文科进行学科重组，实现文科内部以及文科与自然科学学科之间的融通后形成的文科。我国“新文科”源于新国情、适应新国情，从而具有两大本质特征：第一，它是一种自上而下、政府主导的国家工程；第二，新文科建设强调对中国优秀传统文化的执着坚守和传承。新文科建设在学术研究方面应注重技术化、跨学科性及应用性；在社会服务方面应顺应国家和社会需求；在管理方面应模糊学科界限，建设跨学科平台，扶持特色、优势学科等。

在当今经济全球化深入发展的时代背景下，翻译对于国际交流与合作发挥着积极的促进作用，社会对既懂专业知识又能进行英汉翻译的人才在数量与质量方面都提出了新的要求。大致而言，翻译主要包括两种形式：笔译与口译。其中，笔译是两个语言社会之间的交际过程和交际工具，它的目的是要促进本语言社会的政治、经济和文化进步，它的任务是要把原作中包含的现实世界的逻辑映像或艺术映像完好无损地从一种语言移注到另一种语言中去。因此，加强对英语笔译的多方面研究具有十分重要的现实意义。

结合新文科建设需求及现代科技高速发展的时代背景来看，现行的英语笔译课程在课时、教学内容、师资配置、教学方式等方面已不符合时代的要求，必须为适应新文科建设做出适当的改变。新时代呼唤新的教育教学模式，与此同时，时代的发展也对教学模式提出了新的要求。在信息技术高速发展的时代背景下，英语笔译教学需要与之适应，笔译教学模式需要延伸。

本书以新文科建设为研究背景，对高校英语教学、英语笔译及其课程进行了简要介绍，在此基础上对高校英语笔译教学以及笔译教学模式改革进行了研究，并进一步论述了新文科建设视阈下英语笔译教学的相关内容。本书不仅能够让读者了解英语笔译教学模式的相关知识，同时也使他们对新文科建设有一定的了解。

笔者在写作和修改本书的过程中，查阅和参考了许多相关资料，在此谨向所参考资料的作者表示诚挚的感谢。由于笔者水平有限，书中难免出现纰漏，恳请广大读者批评指正。

目　　录

第一章　新文科建设概述

新文科是指对传统文科进行学科重组，实现文科内部以及文科与自然科学学科之间的融通后形成的文科。新文科建设强调培养复合型人才，开展文科内部以及文科与其他学科之间交叉的跨学科研究。

第一节　新文科的基本内涵

一、新文科的内涵与特征

新文科作为国家高等教育发展战略的核心组成部分之一，其自身是一个系统化的理念、标准以及执行体系。因此，必须从新文科的概念入手，明确这一概念的内涵及特征，才能够进一步探索新文科建设途径等相关问题。

（一）新文科的内涵

新文科概念不是对传统文科的否定。“文科”仍是其本质特征，也是其核心特征；而“新”则表明了今后文科建设的取向，是指在原有文科的基础上，重新定位文科的学科内涵以及文科人才培养目标，探索新的建设模式，以此适应时代的发展需求、满足国家的建设需求、供给社会的实际需求。因此，新文科建设的关键在于对“新”所承载的内涵的理解。

“新文科”这个术语并不是一个新生的概念，然而，把新文科建设提升到国家发展战略的高度则是文科建设的一件头等大事。在实现中华民族伟大复兴的强国梦背景下，从战略高度重新审视文科在人才培养中的作用，是国家对文科建设的重视，也是文科教育价值的自我体现。那么，该如何理解新文科这一概念呢？王铭玉、张涛对新文科做了如下定义：“新文科是相对传统文科而言的，是以全球新科技革命、新经济发展、中国特色社会主义进入新时代为背景，突破传统文科的思维模式，以继承与创新、交叉与融合、协同与共享为主要发展建设途径，促进多学科交叉与深度融合，推动传统文科的更新升级，从以学科为导向转向以需求为导向，从专业分割转向交叉融合，从适应服务转向支撑引领。”总的来看，新文科建设要以塑造未来高等教育功能为学科建设理念，积极主动地参与学科建设改革，实现文科立德树人的引领作用，以学科内涵式发展作为新文科建设的指南，以传承—创新、交叉—融合、协同—共享为主要建设途径。我们要时刻明确新文科建设既是文科自身发展的要求，同时也是文科有效服务于其他学科的时代要求。在培养多元化创新型文科人才的同时，还要发挥文科对于各级各类人才的人文素养养成的基础作用，为培养具有家国情怀、国际视野的专业性人才发挥文科应有的作用。

（二）新文科的特征

新文科既是一个概念问题，也是一个学术问题。我们需要在宏观的理论指导下，提出新文科的建设原则和构建体系，探讨新文科建设的途径和方法；在微观层面开展并实施具体的学科规划和建设方案，并落实到人才培养模式上来。然而，新文科建设不会存在一个标准范式，否则必然要走回传统文科建设的老路。因此，我们应该从“理念、模式、内容、方法”四个方面入手，参照新工科提出的“新理念、新标准、新技术、新模式、新文化”等核心概念，围绕“传承—创新、交叉—融合、协同—共享”等发展途径，探讨新文科建设的“新”路。

新文科的概念绝不是一个单纯停留在学科形态层面的问题，这一概念在提出之时，就带有系统化的概念认知特征。因此，新文科建设是一个系统性的工程，是一个涉及内涵、目标、途径等全方位的学科发展战略问题。新文科在具有人文社会科学的一般学科特征的基础上，还应具有战略性、创新性、融合性等特征。因为这些特征明确了新文科建设的目的、理念以及方法，为新文科建设做出了总体规划。可见，新文科并不单指某一个学科，而是指一整套学科发展模式的新思维。因此，如果简单地从学科分类或学科定位等方面来研究新文科的内涵与特征，将无法对新文科的建设起到推进作用。

我们需要从新文科建设的起因、理念、手段、目标、效果等几个方面全方位分析新文科的内涵与特征。笔者认为新文科建设在整体上应该具有以下五个方面的特征。

1. 战略性

这是对新文科建设的整体指导与要求，是以当前社会需求与高校文科人才培养之间的供需矛盾为着眼点，对人才培养提出的新要求。新文科建设要以满足国家发展需求、服务经济社会、解决重大理论及实践问题为建设导向。

2. 创新性

新文科建设难在创新，也胜在创新。“难在创新”是指传统文科的基本理论知识多是既定事实或常规惯例，与社会发展联系紧密，理论知识形态进化缓慢，因此理论知识的创新较难；而“胜在创新”是指与其他学科相比，人文社会学科具有相当的灵活性与适应性，可以在传统文科基础上，融入新的学科元素，采用新的教学手段，创建新的专业模式，对现有文科知识体系进行重组，按照特定学科建构目标来具体实施。这样一来，新文科必定会在“四新”学科建设上走在前面。

3. 开放性

新文科建设要能够密切关注社会需求的变化，动态指导并实施新文科建设的具体内容和建设方法手段。新文科建设不但要体现出学科内涵上的包容性，还要在实施过程中表现出灵活性。在新文科建设过程中，我们要积极加强对外合作交流，借鉴其他国家丰富的教学经验和先进的管理模式，学习其他学科建设的经验理念，灵活把握新文科建设的内涵和发展方向。

4. 系统性

新文科建设既是学科发展问题，也是教育战略实施问题；既是学术研究问题，也是人才培养问题；既是理论问题，也是实践问题。因此，新文科建设是一个涉及理论、研究、实践、方法等多个方面的系统性学科建设和人才培养体系。这就需要我们为新文科建设设计一套包括学科定位、人才培养、教育实践等方方面面的完整的建设指导方案。

5. 针对性

新文科建设就是指针对传统文科的发展问题提出新的设想和建设方案，但绝不是要把文科改造成为其他学科。同时，新文科建设不能采取一刀切的策略，更不能采用固定的标准来指导新文科建设。因此，高等院校要根据自身特点，发挥自身的优势与特色，按照新文科建设的指标要求，结合学科基础开展新文科建设。

二、新文科的“五个维度”

（一）新文科要有历史的深度

一方面，人文社会科学基于深厚的历史底蕴而不断地成长、成熟，与人类历史的演进形影相随，没有对历史进程的深入研究，就不可能构建起一个科学的文科体系。另一方面，历史与未来具有内在相关性，鉴往知来，历史中有昭示未来的东西，只有知道从哪里来，才能明了到哪里去。因此研究当代中国人文社会科学要有历史视野，研究未来的人文社会科学同样必须溯源历史起点。任何一个学科的建设都是与一个国家的制度、历史、文化的变迁分不开的。一个国家中某种学科的产生和发展，也是这个国家社会历史发展的产物，即便是外来的学科，引进来并逐步发展之后，也会不可避免地打上这个国家各阶段历史发展的烙印。因此，建设新文科，必须将其放置在人类文明的历史纵深中来进行。

（二）新文科要有文化的厚度

文化是文科得以产生和发展的土壤，是文科的生命之源，没有文化就不可能有文科，因而文科的建设必然要建立在文化发展的厚实基础之上。因此，今天新文科的建设必须充分考虑文化的厚度和底蕴，在最大程度上扎根文化文明这一文科教育的生命之源和立身之本，深入汲取各类文化繁荣发展带来的养分。

中华文化丰富多彩，文化的梳理、凝练与升华是高校教育的重要职责，这需要高校、研究院所的学者们具有足够的使命与担当。在文化维度中，新文科建设还应注重突出跨文化交流的重要性。与世界上不同文化、文明之间的交流互鉴，是各国、各族人民互信共荣的人文基础，是构建人类命运共同体的思想共识。生长于文化土壤之中的新文科建设如能充分吸收跨文化交流碰撞的火花与灵感，必然会在多元性、包容性、全面性、前瞻性等层面达到更高的层次和水平。同时，我们还应当注意文科建设反哺文化繁荣的重要作用。不断繁荣发展的文科建设和文科教育，又能反过来促进文化的大繁荣、大发展，有效激发其内生动力，促进其自我革新。因此，新文科建设还应当树立问题导向，关注现实，指导实践，与文化繁荣发展形成良性互动。

（三）新文科要有哲学的高度

新文科建设充满了价值判断与价值认同，因此要充分考虑人生观、世界观和价值观问题，这就要从哲学的高度来定位和建设新文科。以往的文科教育过于关注和聚焦“术”的层面，即过于重视知识性的传授，而对价值塑造在完善个人、改造世界中的重要作用认识不足，对学生的世界观、人生观、价值观的重视程度和塑造力度不够。

孔子曰“君子不器”。君子应心怀天下，不能像器具那样，作用仅仅局限于某一方面。从哲学的角度讲，“形而上者谓之道，形而下者谓之器”。道是整体和系统，器是工具和容器。道是主动的，器是被动的。很显然，孔子主张君子应把道放在第一位，实际上就是在强调哲学的高度。因此，新文科建设首先要注重对学生人生观、价值观、世界观的塑造。更加注重价值层面而不是知识层面的新文科，是回归于道而不是纠缠于术的新文科。这就要求新文科建设要大力提升哲学的高度。

（四）新文科要体现学科的跨度

学科之间是互通的，狭窄的知识积累必然导致狭隘的思维方式，必然使研究工作受到局限，必然得出片面的结论。真正的专家并不是狭义的专家，而是要实现知识结构的优化，把专业化与一体化结合起来，真正达到博中有专、以博养专。新文科建设为什么要强调学科的跨度？主要有三个方面的原因。第一，世界上的万事万物都是密切联系的，了解和分析任何事物、解决任何问题，都不可能依赖单一的学科知识，否则就如同“盲人摸象”，而多学科交叉互跨更有利于了解事物的本来面目，更有利于接近真理。第二，跨学科交叉更有利于创新。为什么学法学、政治学、数学、心理学等专业的学者也能够获得诺贝尔经济学奖？其中一个重要原因就是他们能够跳出经济看经济，找到了新的视角，发现了新的规律，构建了新的理论框架。第三，跨学科交叉可以节约知识积累与运用的交易费用。如同企业交易的专业化与一体化一样，分工会导致专业化，促进横向交易增加，但过度的专业化会带来高昂的交易费用，所以在实际生活中出现了大型企业和跨国公司，出现了一体化纵向交易对专业化横向交易的替代，原因就在于这样可以节约交易费用。知识的积累和运用也是如此，知识结构过于单一，大事小事都需寻求合作，也会带来交易费用增加。

新文科建设必须“新”在学科的跨度上。文科要跟理工农医等学科打通、交叉、融合，学习和运用其他学科的思维与方法，在与其他学科交叉融合的过程中不断丰富、完善、创新文科建设的内容和方法。同时，新文科建设要注重积极适应科学技术的发展，拥抱科技革命的最新成果，积极探索运用互联网、大数据、云计算、区块链、人工智能、基因工程等现代科学技术，充分利用最前沿的科技成果，主动革新，自我革命，不断探寻解决新问题、满足新需求与适应新时代的新理念、新方法、新路径。当然，跨学科交叉需要把握好度，处理好核心层与外围层的关系问题，不能失去自我，搞成“四不像”。

（五）新文科要体现中国情怀的浓度

新文科建设，既要有世界眼光，更要有中国立场。这关涉理论创新的出发点和针对性。对一切有益的知识体系和研究方法，我们都要研究和借鉴，不能采取不加分析、一概排斥的态度；对现代社会科学积累的模型推演、数量分析等有效手段，不仅可以用，而且应该好好用。但是，所有这些都要为我所用，在运用的过程中不能丢失自我，不能丧失中国立场。

此外，中华民族的爱国主义也具有鲜明的特点，与中国几千年历史形影相随，成为中华民族的历史底色，构成中华民族的文化基因和集体人格，生成国家与民族应对各种冲击与侵略的自稳定机制，维系中华文明几千年的绵延不绝。新文科建设必须充分展示、解读、弘扬中华民族爱国主义的鲜明特征和显著优势，增进每一个中国人家国情怀的浓度，凝心聚力，早日实现中华民族的伟大复兴。

三、新文科的时代内涵

对中国而言，新文科建设不仅仅是世界新文科运动的一部分，更是当代中国国家文化战略的有机构成，是新时代中国特色社会主义建设事业的中枢神经。在这一意义上，只有赋予中国新文科以时代性内涵，将之置于中国特色社会主义新文化建设的视野之中，我们才可能精准把握新文科建设的独特蕴含与精神要旨。2016 年 5 月 17 日，习近平总书记在哲学社会科学工作座谈会上指出“按照立足中国、借鉴国外，挖掘历史、把握当代，关怀人类、面向未来的思路，着力构建中国特色哲学社会科学，在指导思想、学科体系、学术体系、话语体系等方面充分体现中国特色、中国风格、中国气派”。这一论述的核心指向正是新文科建设，当代中国新文科建设的核心要求就是立足中国化、世界化、时代化，全面提升中国文科学术与教育事业的软实力、创造力与教化力。新文科不仅仅是指文学、哲学、历史学、经济学、教育学等具体学科，更标示着一种全新文科样态的诞生，它具有独特的学科内涵。在当代中国背景下，新文科的崭新时代内涵是“文科集群化丛生的学科共生体、中国价值内联而成的学科集成体，以及全面释放文科内能的学科功能体”。

（一）新文科是文科集群生长的学科共生体

当代是一个全球化、网络化、智能化的时代，新文科建设是回应这一时代的真切行动，特殊的时代状况决定了文科必须打破门户思维、独狼思维、独尊思维，成为一个开放互生的知识共生带。有学者研究指出，“当代社会要主动适应和引领新技术、新产业、新业态、新模式，优化高校专业布局，实现人才培养结构、培养模式与国家需求相匹配，专业体系、人才培养体系与产业链、创新链等相衔接”。在这种形势下，启动新文科建设，增进新文科对当代社会的适应力与变革力，就成为必然之举。具体言之，当代是一个全球化时代，它要求文科建设要树立全球思维、世界意识与竞争精神，积极参与世界文化对话，强化人类命运共同体意识，打造国际水平、世界范围的新文科同盟；当代是一个网络化的时代，是大数据、物联网、云计算叱咤风云的时代，它要求文科建设要致力于打造更高端的文科知识信息共享、共创、共生平台，建成多终端通联、信息智慧汇通、发明创造涌流的新文科数据区块链；当代是一个智能化时代，是人工智能一统天下、碾压百业的时代，它要求文科建设要善于利用“人—机”耦合优势，整合人工智能与自然智能，建成跨界协同、人机联合、倡导首创的“AI+”文科新形态。为此，新文科建设必须强调文科集群与学科共生的思维：一方面，新文科建设必须实现与他国文科、他类文科联手，秉承“面向世界、跨界联动、打通经脉”的理念，以此打通学科壁垒，倡导“学科间”交流，致力建成具有一定学科广度、跨度的文科联合体或“超学科”，夯实文科事业的多元支撑点；另一方面，新文科建设必须强调学科内外、学科之间的互动共生，催生学科与非学科（即生活）、理工科、异质学科间的“共生空间”，使之在相互营养、相互支持、相互转化中提升文科整体的生长力。有学者指出，“超学科不仅指学科与学科之间的交叉融合，还包括学科与非学科之间的交叉、跨越和融合，还包括专业内学者与专业外的各行各业人士的跨界合作”。这是当代社会网络化发展的必然要求。构筑各类文科参与的学科联动共生体，是突破旧文科孤芳自赏、闭门造车、单科独进缺陷的一把利器。“共生是一切生命体的共同本质”，“天地万物都是一个共生、共存、共融、共同发展的有机世界”，基于这一理念建构而成的文科联合体就是文科汇流而成的“学科共生体”。所以，面向“学科共生体”目标重构学科群集，加强科际联合、联动与联盟，全面提升文科门类的互生创生能力，凝聚学科自身的发展内能，为当代中国经济社会文化建设做出超能贡献，正是当代新文科建设的科学内涵。

（二）新文科是以中国价值为内核的学科集成体

文科是面向人性历练、价值导正、思想引领而构造的学科，是以人生观、价值观、世界观培育为使命的学科，这是文科的关键属性、本质属性与独特属性，是理工科与文科间的根本分界线所在。文科的根本属性是人文性、价值性与意义性，而非自然性、技术性与物质性。新文科建设的科学方位是坚守其价值导航性、人文归属性与生活意义性，在“固本培元”宗旨的指导下充分释放人文社会学科的本原学科潜能。对当代中国新文科建设而言，其生命之根是其对中国价值、中国精神、中国文化的坚守，是其在弘扬中国价值、展示中国魅力、彰显中国特质中做出的意识形态贡献。对一个国家、一个社会、一个民族而言，维系其向心力、凝聚力与生命力的根源是核心价值系统，始终保持全体国民对本民族、本国家的文化自信心、价值认同度，是中国社会保持长期繁荣稳定的精神基石。从这一角度讲，中国新文科建设的合法性、科学性就源自其在中国核心价值建构中的贡献力。所以，无论新文科如何建设，都必须服务于中国价值、中国精神、中国文化的凝练与发展，都必须在夯实中国价值这一指针下开展学科群落的重整与提升。中国新文科的枢纽链环是中国价值，一切与中国价值相悖的文科形态、文科实践、文科教育都不属于新文科建设之列。当代中国新文科背负的时代使命是养育中国人的精神气质，提升中国价值在世界范围内的吸引力与竞争力。所谓“中国价值”，就是具有中国特色的公共性价值信念，其具体内容是大力弘扬自强不息、敬业乐群、扶危济困、见义勇为、孝老爱亲等中华传统美德。这一价值形态的学科化表达是丰富多彩的中国特色人文社科学科，用这一价值信念来重构中国新文科，指引中国新文科建设的航向，是促使当代中国文科事业蓬勃发展的精神旨归。新文科的架构与组织必须遵循“中国价值优先”的原则，必须在“中国核心价值观教育”的统领下来优化文科学科网络，增删学科构成要素，努力建成一个围绕“中国价值”内核旋转的文科学科网络、学科集成体。

（三）新文科是“求知、育人、服务”三位一体的功能集合体

新文科是人文学科、社会学科构成的结构功能体，是以达成特定学科功能而开展的文科结构重构现象。在这一意义上看，新文科建设的实质是构建一个全新的功能体，全力实现社会、时代赋予文科学科的新使命。可以说，新文科是构建“大文科”系统的一种积极行动，是文科类型与功能整合的积极探索。打破文科内部、文理科之间、文科与生活间的传统界限，走向功能意义上的实质性整合是新文科建设的初衷所在。“文科”概念古已有之，其原初含义是文科门类所特有的人文归属性、文化育人性。这些学科的共同特点：其学科立足点不是数学，而是哲学；其学科属性是人文性、社会性，而非自然性、技术性；其学科边界具有不可跨越性，而非可融通性。一句话，传统文科的根本属性是知识性、人文性与学科边界清晰性。其根源于传统文科所面临的学科境遇与时代处境，换言之，传统社会不可能对文科提出跨时代性的功能期待。在当代，传统文科的上述属性将会被改写，一种贯通所有文科类目、承载各种文科属性的新文科功能体出现，以积极响应“大文科”建设的需要，响应日益多样化的学科期待。在“大文科”视野中，文科功能必须走向完整化，即求知、育人与社会服务功能的兼顾与集成，这就是“求知、育人、服务”三位一体的学科功

能集合体。在新功能体架构中，新文科建设必须统合求知、育人、服务三项学科职能，将文科整体的功能发挥到极致。

也正是如此，新文科是一项学术事业、育人事业、社会事业，是“从学术知识生产出发，以良善人性塑造为媒介，迈向民主和谐社会建构”的特殊学科功能体。离开了这些学科功能的发挥与彰显，新文科建设将失去生存之基与立命之本，最终与社会发展、文明进化失联，进而迷失方向、忘却使命，沦为社会发展的装饰品，甚至是累赘品，沦为学生生命发育、精神成长的“旁观者”。

结合上述分析可知新时代背景下中国新文科的本真内涵：它是各文科学科门类协同共创的学科共同体，是由中国价值串联而成的学科集成体，是兼容三大文科基本功能——求知、育人与社会服务功能而成的学科功能体。

第二节　新文科建设的主要内容

一、新文科建设的基本体系

新文科建设是一个系统工程。对于新文科的建设体系等问题，教育部提出了三个举措：一是加快理论体系创新；二是深化专业改革；三是开展一场课堂革命。新文科建设的有效实施要从建设理念、建设形态、建设路径三方面展开。

（一）新文科建设理念

新文科建设首先要革新学科理念，从传统的、狭隘的区域性和民族性的视角转变为开放的、前瞻的全球性和国际性视角。新文科建设需要可持续性发展，要依据学科建设规律，重组学科构建模式，通过整合学科、交叉学科、重组学科等方式，形成一批新兴学科，如人文地理、国别政治等。

新文科建设要以提高人才综合素养为目标，以培养具有家国情怀、人文素养、专业能力、创新能力和协作能力的高素质人才为总体要求。人才培养模式是新文科建设学科定位落实以及建设成效的重要评判指标。新文科专业人才培养模式应围绕以下能力及素养开展：第一，新文科人才必须具备扎实的理论基础和专业知识；第二，新文科人才要具有坚定的终身学习理念以及实践能力；第三，要具有多样性、批判性、辩证性以及创造性的思维模式；第四，要具有健全人格以及协作精神；第五，要具有家国情怀及对人类命运共同体的思考能力。

（二）新文科建设形态

新文科建设要具有可操作性，应从“大”“新”“融”“通”“特”等几个方面开展具体建设及规划，要充分体现大布局、大交叉、大融合、大跨越、大凝练等特点。

“大”，就是设立大文科，可以将一些相关相近的学科按照特定的设计和需求进行整合、交叉、跨越，开展学科定位重构。例如，对传统人文科学所涉及的哲学、历史学、文学等学科进行整合，如建构国学等大文科；对社会科学所涉及的法学、经济学、管理学、教育学等进行整合，建立中国社会学等大文科。另外，针对英语学科的特殊性，可以结合“英语+”的大英语学科建构模式，如构建美国学、英国学等对象国别学，也可以构建多语种大英语学科模式。

“新”，就是发展新兴学科，通过不同学科间的相关性确定新的学科定位，如建立人工智能伦理学。在工科领域的计算机科学的建设和发展过程中，用伦理来指导人工智能发展，如机器人伦理、网络伦理、自媒体伦理，等等。同时，面向未来的新文科建设要能够应对未来发展中遇到的问题，新文科建设的理念、思路、模式和路径要有突破性的进展，可以考虑建设科学化文科。

“融”，就是融入新研究思想与研究方法。以往由于研究对象和研究方法存在较大差异，文理学科之间泾渭分明。然而，随着现代科技的发展，我们可以将智能技术、计算机应用计算、大数据、云计算等研究方法融入新文科建设研究方法和教育手段当中，以此来推动文科类学科的发展；同时，以文科的人文优势来填补理工类教育中相对缺少的对人格修养、审美情操和社会责任感等方面的培养。

“通”，就是开展跨学科的新文科建设，达到通晓不同领域知识体系的能力和操作技能。例如，改革开放以来，我国许多理工科院校开办的文科专业，对于文科人才培养具有深远的意义，出现了一些有别于传统意识的边缘交叉学科，如信息科学、环境科学、工业设计、工业管理等。由于这些专业的建设依托理工院校的学科基础，所以必然为这些文科专业注入了理工科知识的元素，使得这些专业具有了边缘交叉的特点。

“特”，就是要建设我国独有的学科内涵。以民族学为例，我国特有的民族语言文化建设，直接关乎国家的语言文化安全，具有重要的战略意义。因此，新文科建设要根据各高校的实际情况，结合自身优势和特色，进一步凝练重组学科结构，创新开拓新兴交叉点，将高校分为优势文科高校、综合性高校、一般地方高校三种，以便于“四新”学科建设的开展。

（三）新文科建设路径

学科、专业与课程是学科学术建构体系的组织形式，在传统学科专业构建模式中，通常表现为多个课程支撑一个专业，多个专业支撑一个学科，各个专业的课程相对独立、互不相交。这种模式可以体现为下图。

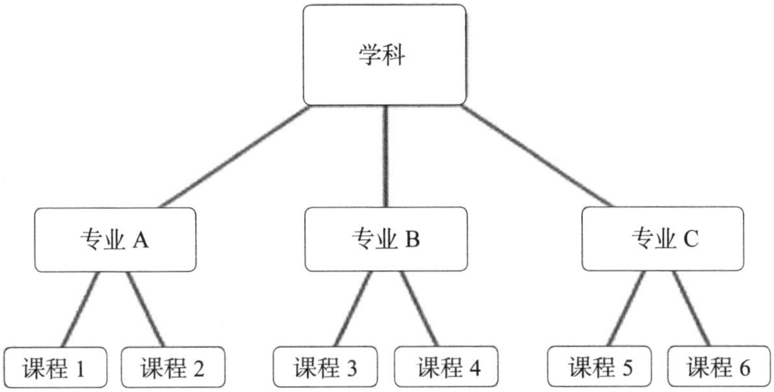

图 1-1　传统学科专业构建模式

传统学科构建体系的优点显而易见：首先，可以通过学科发展内涵来设置具有不同特征的专业；其次，各专业可以按照自己的培养方案来设计具体的课程；最后，传统学科专业建构模式最大的好处就在于学科构建体系具有一定的稳定性与支撑力，单独更改某一门课程或专业并不会对整个学科产生较大的影响。

然而，这种优点也正是该建构模式的缺陷所在，那就是各专业之间的联系较少。此外，传统专业和学科的教学体系是依据单一学科的教学发展需要而建立起来的，且不断加以完善，然而，由于各个学科的资源有限，专业之间无法资源共享，教学资源相对分散，因此整体的教育质量也无法得到保障。正如前文所述，综观我国现有的学科门类，不仅文理学科界限分明，就连具有文科属性的学科之间也都处于“分门别户”的状态。

从整体上看，专业以学科为依托，学科由专业所支撑，各学科之间理应存在交叉。然而，由于课程的设置问题，导致专业之间的联系变弱，进一步导致学科之间缺少了互动。究其根本，还是由于专业划分过细，使得课程设置的针对性太强，学科间无法相互交叉。可见，传统的学科专业设置体系无法做到学科与学科、专业与专业之间的融合，也无法进行优势互补，这种培养模式不能满足新时代对人才的需求。因此，新文科建设在学科建设的理念上就要有别于传统的学科建设，人才的培养不能局限于某一些课程、某一专业乃至某一学科，只有这样才能培养出符合国家发展需求的新时代复合型人才。

通过分析我们知道，课程作为将学生和专业乃至学科连接在一起的纽带，起着至关重要的作用。只有不同专业或不同学科的学生共享相同课程，才能真正在实践层面做到专业的交叉，进而做到学科间的融合。虽然很多学校都设置了通识类课程，但由于缺少系统性的课程安排，学生课程间关联度不够，无法达到人才培养的特定要求。

因此，新文科建设要遵循以下发展路径：首先，坚持“学科建设—专业建设—课程建设”一体化的发展路径；其次，动态性调整人才培养内涵，通过调整课程体系，更新教学内容，使新文科始终处于“新”的状态；再次，根据时代发展需求，使新文科各学科、专业、课程相互融合；最后，新文科应与其他学科、专业在教学理念、方法和工具等方面互相借鉴，使文科生具有其他学科的基本素养，也使其他学科接受充分的文科教育，成为具有人文情怀素养的合格人才。总的来讲，笔者认为新文科建设可以从以下几个途径展开。

1. 大类招生、大类培养

现有文科学科分类和专业设置过细，学科专业内涵狭窄单一，专业之间各自为政、界限明确，不利于资源共享和部门之间协作交流。在知识爆炸的时代，专业设置及课程体系设置过于专门化，忽略了相关学科知识对于人才培养的促进作用。现有文科领域涵盖人文科学和社会科学两大高校科群，这两高校科群内部各学科之间相交相融，如人文科学中的历史、文学、艺术等学科以及社会科学中的经济、法律、管理等学科之间交叉重叠。因此，新文科建设应以人文科学或社会科学大类为招生和培养基础，着重培养宽口径、厚基础、专业化的新型人才。

2. 学科交叉、跨类培养

学科交叉可以把相关学科结合到一起，开展跨学科专业人才培养。例如，在人文科学和社会科学两个领域间开展相关学科交叉模式，拓宽学科领域和内涵，如历史和政治学科交叉，形成人文政治等学科方向。文科领域学科也可以通过与理工科结合，开展文理交叉，构建新文科，如英语教育学、智能伦理学、智能管理学等新学科。这里文理交叉不是把文科学生培养成理工科人才，也不是把理工科人才培养成文科人才，而是把现代技术手段融入文学科体系构建及教学研究中。而对于理科、工科、医科、农科等学科，要充分发挥文科的作用，凸显文科对于理、工、农、医等学科人才的人文性以及社会性培养的重要作用，如技术伦理、农业伦理、医学伦理等观念的培养。

3. 主辅结合、混合培养

在现有专业设置的基础上，可以扩大主修专业与辅修专业相结合的新学科建设模式，使学生兼具不同学科领域的知识、理论及研究方法。这种方式也是现有人才复合化培养的主要模式，只需我们进一步加强专业内涵设置和培养要求，真正达到人才复合化培养的目的。新文科建设鼓励跨学科开展人才培养，而主修专业和辅修专业可以有效弥补现有学科专业界限分明的弊端。新文科建设培养模式可以结合学生的个人兴趣和特长，引导并为学生创造复合化培养的途径，为文科人才提供更为宽泛的学习和拓展知识的途径，进而提升文科人才的内涵。

4. 学科重组、融合培养

学科专业设置的目的是培养各级各类人才，进而满足国家社会对人才的需求。学科专业设置要结合时代变迁以及国家发展和世界变化，增强人才培养需求的时效性和紧迫性。因此，可依托某一学科开展学科重组，融入相关学科知识，提升人才培养内涵，满足国家社会需求。例如，构建大英语学科，可依托英语学科构建国别区域学，如英国学、非洲学、中亚学等涵盖语言、文化、社会、宗教、民族等学科在内的大英语学科。这样，可以改变以往外文专业语言文学人才的单一培养模式，充分发挥语言的工具属性，把目标语言国家的社会、文化、经济、历史、政治等学科知识作为外文学科构建的核心部分，培养专门人才。这种从学科内涵角度开展新文科建设的方式，是新文科建设的主要形态。

5. 中外结合、特色培养

新文科建设的目标之一是提升高等教育的国际化水平。要紧密结合高等教育国际化的发展战略，采取中外联合培养的方式，通过中外不同的人才培养模式，形成中外学科间的互补与交叉。提升高等教育的国际化水平是新文科建设的核心任务，其主要目的是培养具有国际化视野和国际竞争力的各级各类人才。国际化不仅需要英语学科的大力参与，开展英语能力建设，提升英语水平，同时，也要借鉴国外先进的教育理念以及人才培养模式，进而提升高等教育国际平台以及人才培养建设内涵。中外联合培养的方式一方面可以扩大国际交流，另一方面可以进一步优化人才培养方式，推进高等教育国际化水平。

此外，新文科建设在具体实施时，要改变以传授为主导的传统文科教育模式。新文科建设的教学手段要以信息化时代特征为基本出发点，利用现代科技，改变传统书本课堂教学模式，改变教师角色，利用互联网、慕课、微课等手段开展多模态教学。

新文科建设已经成为当前国家人才培养以及学科内涵式发展的必然要求，这对于我国构建国家话语体系，获得国际话语权及提高国际地位有着重要的作用。新时代背景下的新文科建设应当具有战略性、创新性、开放性、系统性和针对性等特点，要以提高人才综合素养为目标，从“大文科、新学科、融方法、跨专业、特色化”五个方面开展新文科的具体建设与规划。新文科建设要基于传统文科教育，以“学科建设—专业建设—课程建设”一体化为具体路径，真正为国家培养符合新时代发展需求的文科人才。

新文科建设是一个系统性工程，不只是学科内涵以及专业设置等学科定位问题，还应包含学科研究、学科基地、学科管理、学科队伍、国际化交流等方面的建设。

二、新文科建设的核心要素

（一）构建新文科专业及课程体系

新文科建设要求在传统文科的基础上，规划和设计新的专业及课程体系。在专业规划方面，重点在于围绕国家战略、市场需求以及自身优势与特色，积极筹划开办面向国家重点需求领域、新兴服务业、前沿技术产业、地方支柱性产业的新型文科专业，例如，“一带一路”背景下的语言＋国情复合型专业，乡村振兴战略背景下的农业＋社会学专业，国家治理体系与治理能力现代化背景下的哲学＋社会学＋公共管理专业等。值得重视的是，新文科专业并非等于传统专业之间的简单叠加，而是问题导向、需求导向下的知识生产与再生产的重组与重构。因此，围绕这些新专业，更重要的是在跨学科的视阈下科学凝练其核心课程，并构建起以核心课程为基础、以相关课程为支撑的通识课程体系，创新其培养模式。

（二）建立跨学科师资队伍

任何高等教育领域的改革都离不开师资队伍的参与和贡献，所有改革的理念与愿景最终都会通过教师的日常工作而呈现。显然，相比于传统文科，新文科建设在师资队伍上的区别主要在于跨学科师资队伍的支撑。对于高校而言，关键是厘清两个问题：一是教师参与新文科建设的能力问题；二是教师参与新文科建设的意愿问题。为此，需要建立行之有效的激励措施，同时辅之以实体的研究中心或虚体的学术松散联合体，设置一定的申请条件，鼓励教师以课题申请、跨学科学术交流、跨学科教学等方式参与到新文科建设的实践中。同时，还要对跨学科教师资源进行延伸与拓展，一方面要面向产业与行业，建立起人才交流互通的绿色通道，将具备丰富实践经验的高级行业人才、专家引入常规师资队伍中；另一方面也要鼓励高校专职教师积极走出高校，进入产业行业挂职、兼职或进行课题项目研究，真正做到既“请进来”又“走出去”。

（三）确立新文科教研评价标准

确立新文科教研评价标准是新文科建设可持续性发展的内在保障。对于教师而言，在评价方式上需要重点改变的是长期以来形成的单一学术量化评价标准，在评价主体、评价内容和评价标准上则需要将多学科的专家、多学科的评价体系引进来。量化评价在学术评价体系中的权威地位是伴随着现代性及其理性主义和计算思维在现代高校制度中的不断渗透而加以巩固的，而传统囿于专业内部的评价系统则是学科部落不断分化所形成的知识－权力体系的必然结果。正是由于新文科建设对于开放学科体系的倡导与拥护，决定了以数理量化逻辑为方式、以学科内部规训为标准的传统评价系统不再适用于新形势下的学科发展生态。新文科建设倡导与产业对接，强调问题导向和情景化教学，而所有的改革都必须以确立学生“能力素养为本”的质量观为前提，除了专业素养之外更加注重对于学生信息素养、技术素养、团队合作素养的培育。在评价机制上，要打通校内外评价主体，同时更加注重过程性评价和形成性评价，并重视评价的导向功能。

（四）形成新文科建设的运行模式

无论是专业课程体系的构建、跨学科师资的建立还是教研评价标准的确立，最终目的都是建立一个完善的新文科建设的运行模式，而这个运行模式一定是建立在一个运行主体之上的、包括各种支撑性制度在内的模式。新文科建设的运行主体可以是实体的、拥有自己的学生和专职教师的机构。此外，新文科建设的主体也可以是虚体的。无论选择哪一种运行主体，还必须辅之以完善的支撑性制度，并由学校层面直接进行监督和管理，避免出现空头部门的现象。

三、新文科建设的重点任务

新文科建设的要义在于引领学科方向，回应社会关切，坚持问题导向，打破学科壁垒，以解决新时代提出的新问题为宗旨，重点工作则在于对新专业或新方向、新模式、新课程、新制度等方面的探索与实践。

（一）建设新专业或新方向

一方面，新文科建设要着力建设交叉融合新专业（新方向）。要以新的思路和跨界模式，探索和建设能够引领时代发展的新专业（新方向），培养创新型专业人才。按照交叉融合的范围和程度，新专业可分为以下几类：①人文科学内部融合的新专业；②人文与社科融合的新专业；③文理融合的新专业；④文工、文医融合的新专业。另一方面，新文科建设要推动现有专业的转型升级。通过培养目标和课程结构的改革调整，实现人才培养质量提高和未来发展潜力提升。

（二）探索新模式

新文科建设要探索学术型人才培养的本硕博贯通模式。依据文科的新职责，不同类型的人才培养所需要的模式也不同。真正实现宽口径、厚基础、长学制贯通培养，尤其是实行滚动式可淘汰的本硕博贯通培养模式，是培养精英国学人才、经济学和政治学理论人才的有效保障。同时要进一步加强合作，整合服务于人才培养的优质资源。一要实现高校与境内外教学科研机构的联合培养。二要实现校政校企联合培养，提高人才培养质量。三要实现跨校跨院联合培养，探索双学位或主辅修、微专业的建设方法与实施策略。

（三）建设新课程

一是要开发新课程，改造老课程。各高校应该既致力于开发适应新专业、新方向的专业课程，如空间计量经济学，也要特别重视开发通识教育课程，如国学经典。二是要编写新教材，补充新内容。编写反映中国特色社会主义理论与实践的新发展以及吸收新研究方法的新教材，补充新内容。三是要运用新手段，开发新思维。着力打造线下、线上、混合式、虚拟仿真、社会实践等5类“金课”，让文科的教育教学理念、内容、手段、方法、学生考查标准等发生一系列变化，切实提高课程质量和学习成效。但对于文科而言，运用新手段不宜一刀切，不是旨在把课程内容呈现得炫目多彩，而是要因课而异，通过运用必要的新手段让学生的思维更活跃、理解更深刻、学习更有效。

（四）构建新制度

推进新文科建设还需要正视难点，破除障碍。首先，对于高校而言，主要是实现观念更新和改善制度供给。高校要充分认识新科技革命与产业革命对高等学校文科人才培养的新要求，充分认识新时代文化传承创新和树立文化自信对高校文科人才培养的新要求，充分认识中国特色社会主义伟大事业发展壮大对高校人才培养的新要求，充分认识中国参与全球治理新角色对高校人才培养的新要求，充分认识新文科建设的必要性与紧迫性。以此为基础，新文科建设既需要学院层面的规划，更需要学校的顶层设计，依据各自校情，加强专家论证，明确突破环节，解决重点问题。学校需进行制度创新，给予配套政策支持，解决新文科建设中学院教师关心的瓶颈问题，鼓励跨学院联合建设新专业，鼓励实现校内外资源的共享，鼓励教师开发新课程，加大引进与培养结合、专职与兼职结合的力度，优化人力资源支撑。其次，对于教育行政管理部门，则要改革完善教育管理制度和优化评价体系。

四、新文科建设的发展模式

新文科建设的开展并非要在传统文科之外“另起炉灶”，而是根植于我国传统文科的发展现状之中的，是我国高等教育改革总体战略规划的题中之义。基于此，结合我国高校的办学实际，笔者提出四种新文科建设模式，希望找到我国高校新文科建设的发展之“道”。

（一）建立健全国内外跨学科联合学位培养模式

联合学位发轫于欧洲高等教育一体化的实践，是指学生在两所或多所跨境合作机构学习，在完成合作机构共同规定的学业要求后，由合作机构共同为其授予学位的活动。联合学位区别于双学位，其培养模式及具体课程由合作机构共同开发认定，学生须分别在合作机构完成较长时间的学习，毕业时由合作机构共同为其授予单一学位证书。

目前，国内的联合学位多存在于跨境研究生教育阶段，并且绝大多数项目集中在硕士学位层次。针对新文科建设中对于跨学科研究、多学科知识的重视，于国内外不同高校的优势学科之间建立健全跨学科联合学位培养模式是一个很好的着力点。联合学位培养模式可尝试向本科教育阶段下移，这对于培养更具国际竞争力以及跨文化领导力的复合型新文科人才至关重要。目前，国内已有高校开始了相关尝试，例如 2020 年 6 月，电子科技大学与西南财经大学联合申报的“金融学 + 计算机科学与技术”联合学士学位项目获批，该项目依托两校的优势学科专业，共同建设人工智能和区块链金融相关的系列跨学科课程，是全国率先实施跨校联合本科学位的创新型项目。未来，有条件的国内高校应当将这一本科培养模式拓展到更多的国外一流高校，更充分利用好不同高校的优势资源来践行新文科建设。

高校建立健全国内外跨学科联合学位培养模式，有三点值得引起注意：第一，高标准选择合作机构。合作办学机构首先必须具备相关法律和行政法规规定的基本条件。其次，合作机构开展联合办学的专业必须达到国内优秀水准或具备一定的国际竞争力；最后，开展联合培养的专业领域之间必须是同时瞄准社会某一需求而互联互补的，以最大化地整合办学各方的比较优势。第二，注重区域联动。辐射区域相同或相近的高校应加强彼此之间的联系与互动，以所辐射区域的特色优势与经济社会发展实际为基础，共同培养区域经济社会发展所紧缺的复合型人才。第三，突破联合学位的认证问题和法律障碍。不同国家和地区之间的文化传统、法律政策各有不同，开展跨境联合办学的各方势必要在合作项目的合法性以及学位证书认证等方面进行严谨的调查、沟通与调适，对合作的有效性进行合理评估，以提高合作项目的认可度。

（二）探索以多学科集群为基础的现代书院制度

2020 年 4 月，国内顶尖高校清华大学宣布将以书院模式落地“强基计划”，除新雅书院外，学校计划新成立日新书院、致理书院、未央书院、探微书院、行健书院。书院负责课程协调和学生管理工作，在做好通识教育的基础上，引导和激发学生对某一专业领域的兴趣，为国家需要的关键领域培养拔尖人才。根据相关报道，新成立的五大书院没有学科建设任务，没有研究生培养，也没有组织科研的要求，其成立的唯一目标，就是有效地打破院系之间的壁垒，做好学科交叉。清华大学的此次改革再次将书院制这一在我国兴起了十余载的本科教学实践探索重新拉回了人们的视野中，虽然此次改革与新文科建设并无直接联系，但其为国内高校新文科建设的落地实践提供了一个可供借鉴的实施路径，那就是构建以多学科集群为基础的现代书院制度。

高校书院制度在我国的实践可追溯到 2005 年复旦大学的书院制改革。总结我国历经十余年的书院制改革不难发现，大体上这些改革都是在借鉴中国古代传统书院以及英美高校住宿书院的办学精神与组织架构的基础上，通过导师制、通识教育、社团活动等形式，构建一个师生共处的学习与生活共同体。在新文科建设的背景下，我国高校可以此为一个新的契机，在继续探索中国特色现代高校书院制度的同时，融入一些新的元素，将新文科建设的精神与内涵注入书院制改革的实践中。

针对新文科建设对于前沿导向和需求导向的强调，高校可创造性地设立一些相对小众但前沿的书院。例如新媒体、在线教育等新兴行业急需复合型文科人才，高校可针对性地围绕这些社会需求灵活组建相应的学科群，同时借鉴既有的书院制实践经验，引入校内校外的双导师制，建立对接社会新型需求、瞄准前沿技术的新型书院。此外，不同高校的书院实践方式不应拘泥于一格，应根据自身服务方向、整体优势以及培养特色，建立各具特色的书院模式，例如在书院的文化培育上，传统的书院制实践更加倾向于古典人文精神的培育，而新文科建设背景下的书院建设应纳入更多的现代元素，将文化创意、现代技术等包容进书院建设的实践中，从而探索出适合中国国情和社会发展实际的博雅教育和通识教育模式。

（三）推动“新文科实验室”建设

《教育部社会科学司2020年工作要点》提出，要“重点支持建设一批文科实验室，促进研究方法和学科交叉融合，引领学术发展”。文科实验室在我国不是新生事物，早在1994年就有高校建立了我国第一个经济学科实验室。但长期以来，因为观念上的偏差，文科生被认为不需要像理工科学生一样进行专业化的实验技能训练，导致文科实验室建设一直处于停滞不前的状态，在实验室平台资源共享力度、实验室建设智能化水平以及实验技术队伍建设等方面与理工科实验室差距明显，未能发挥出应有的作用。新文科建设的开展可成为高校文科实验室提档升级的一个重要契机，应鼓励高校以现有文科实验室为基础，创新顶层设计，重构运行模式，提升资源利用效率，将新文科实验室建设成为服务经济社会发展与学生能力培养并重的综合性文科训练中心。

推动新文科实验室建设，首先应当充分肯定文科实验室建设的价值。新文科实验室的实质在于架设学科理论与学科实践之间的桥梁，应当定位于学科交叉的孵化载体、人文社科前沿问题的研究站，以及复合型文科人才培养的摇篮。相比于理工科实验室，新文科实验室除了承接科研项目，服务国家、社会、高校发展之外，对于学生的专业技能技术以及学生综合素质的训练也有重要作用，例如创新精神、团队合作能力、沟通能力等方面的培养。其次，受制于人文社会科学自身的性质，文科实验室在数量上显然不可能与理工科实验室相提并论，因此，在新文科实验室的日常运转中，要摆脱传统文科实验室趋同建设、盲目建设的老路，紧密围绕国家重大战略需求、学科前沿和地域特色，依托高校自身的优势学科，找准定位，凝练方向，将每一个文科实验室打造出自己的核心优势。再次，在新文科实验室的建设主体上，应秉承开放原则，将更多市场主体，例如社会科研机构企业等纳入实验室建设的谋划运行之中，积极支持校企联合共建共管新文科实验室，积极支持在相关领域拥有丰富从业经验的人员加入实验教学队伍，避免实验室成为“躲进小楼”的自娱自乐式机构。此外，新文科实验室建设更不能忽视与校内外其他各学科实验室的合作，以推进跨学科研究与教学实践的开展。最后，新文科实验室要配套建立相关的硬件设施与特色教学模式。现代技术的运用应当是新文科实验室的核心竞争力，但需要注意的是，对于技术的运用绝非等同于硬件的堆砌，而要以实现实验室的智能化、科学化运行为主要目的。为此，有条件的高校应充分整合本校既有的计算机资源、网络资源与教育技术资源，以硬件基础设施为动力支撑，通过智能技术、虚拟仿真技术等实现教学过程的智能化，形成包括计算机软件模拟与商业环境模拟等在内的信息化模拟环境教学；通过大数据、云计算技术等实现管理过程的科学化，建立校内校外实验教学资源的共享平台。

（四）践行“传统文科＋”，助力传统文科转型升级

新文科建设建立在传统文科深厚的积淀之上，并且通过给传统文科“做加法”，用新视角、新范式、新方法来进一步拓展传统文科的外延，进而带动传统文科转型升级。

给传统文科“做加法”，可以有如下两个方向：第一，传统文科＋国家战略。国家战略的提出与实施离不开哲学社会科学人才的支持，例如在“一带一路”倡议背景下，对于“语言能力＋国情研究”的复合型文科人才的需求增加，传统的英语学科迫切需要重新进行战略定位，在重视语言能力培养之外，拓展社会、历史、文化等通识课程，同时以具体的国别区域为着眼点，增加国别历史文化、国别研究等课程，使学生能够在讲好中国故事的同时，为国家或跨国组织发挥决策咨询功能。第二，传统文科＋现代技术。第四次工业革命在相当大的程度上冲击着传统哲学社会科学的研究范式，例如“计算社会科学”的出现标志着以“数据＋算法＋算力”的智能化决策机制正在成为人类应对不确定性的主要手段之一。这一方面要求传统文科必须拥抱现代技术，通过与大数据、云计算等技术的结合和运用，提升自身研究的准确性与科学性。同时，传统文科要利用现代技术加快在线课程、混合课程、虚拟仿真课程等新型课程的建设，并逐步探索文科实验室建设。在建立与信息时代相适应的人文社会学科新型教育教学方式的同时，培养学生的“数据素养”与“技术素养”。另一方面，传统文科还要高度重视由于技术进步所带来的失业、伦理、法律、社会治理等现实问题，在更深层次的人类发展问题上实现与现代技术发展的交汇融合。

可以认为，给传统文科“做加法”，关键的措施在于以科研项目为牵引导向，以教育教学为具体抓手，通过设立跨学科的以国家战略为指向的科研项目，鼓励对于前沿科学技术、先进研究方法的运用，使广大教师、研究人员通过科研实践形成“新文科素养”，最终以多样化的方式落实在教育教学的实践中，使新文科建设回归到培养人的本质上。

第三节　新文科建设的思路

一、新文科建设的目的与动力

从目的和动力的角度来理解，新文科建设需要更加紧密地联系我国的实际情况。

（一）新文科建设的目的

在目的方面，开展新文科建设：一是旨在破除人文社会学科与我国经济社会发展实际相对脱节的现状，通过精准对接国家战略、市场需求，优化专业设置，将人文社会学科建设成为能够主动引领我国经济社会发展的重要力量；二是对高等教育领域既有改革的深化与拓展，通过引导人文社会学科在人才培养、科学研究等方面与新技术、新领域进行结合，实现提档升级，进而保障国家“双一流”建设，尤其是“一流学科”建设的完整性、科学性和可持续性；三是对构建中国特色哲学社会科学体系进行有力支撑，运用新知识、新理论，在中国讲好国际故事，在国际上讲好中国故事，积极为建设具有中国特色、中国风格、中国气派的哲学社会科学体系提供智力支撑与人才支持。

（二）新文科建设的动力

结合上述目的不难发现，对于新文科建设的讨论离不开几大背景因素的支撑：一是新技术革命与产业革命所引发的生产力变革；二是国家重大战略需求变化对高级文科人才的需求；三是高等教育尤其是高等文科教育所面临的新挑战和发展的新趋势。基于此，笔者认为新文科建设的动力主要来源于以下四个方面。

1. 交叉前沿

以学科交叉为手段，瞄准科技前沿是新文科建设的动力。在世界范围内，尽管学科的分化过程一直在持续进行，分化的范围不断扩大，程度也在不断加深，但随着新的知识生产方式的出现，不同专业、不同领域的知识也逐渐开始走向融合，出现了学科整合的趋势，从而催生了为数众多的跨学科、跨专业研究领域，知识体系呈现出无序而庞杂的特点，包括新文科建设在内的“四新”建设正是顺应这一趋势的中国实践。值得注意的是，新文科并不是简单的文理交叉、文工交叉、文医交叉，而是瞄准科技前沿、国家战略前沿、以需求为导向的跨学科发展框架，它旨在破除的是我国学科专业目录长久以来所试图扶植的体系化、秩序化的知识体系及其所造成的专业壁垒与学科障碍。

2. 战略需求

面向国家的战略需求是新文科建设的指向。我国进入新时代后，新困难、新问题、新挑战不断涌现，在应对国内外环境挑战、破解发展难题、回应人民期待等方面都迫切需要各方力量的支持。为了实现中华民族伟大复兴的总目标，党和国家近年来相继提出了“五位一体”总体布局、“四个全面”战略布局、“创新、协调、绿色、开放、共享”新发展理念，以及创新驱动发展、“一带一路”倡议、“互联网 +”、构建中国特色哲学社会科学等重大战略和倡议，新文科建设就是要根据上述国家重大发展战略、倡议等的需要，全面深化改革，主动布局设置、建设和发展相关新文科专业，致力于培养不同层次与类型的新型文科领军人才。

3. 现代技术

融入现代科学技术是新文科建设的依托。近年来，随着 5G、物联网、人工智能、区块链、云计算等智能技术群的“核聚变”，我们正在形成一个新的社会经济运行系统，一个从万物互联到万物智能、从连接到赋能的“智能 +”时代即将到来。有学者认为，我们当前正处于一场建立在技术和数字化基础之上的革命，这场革命将为我们带来物理空间、网络空间、人文空间与生物空间的深度融合。技术革命与社会革命从来都是耦合在一起的，它们相互作用、相互影响，协同推动社会的进步。每次面临重大技术变革，教育也必随之调整，以期通过教育使人类更好地适应不断变化的社会。第四次工业革命中的科学技术不仅在内部呈现出更强的综合性，而且面临着与人文科学开展更深度整合的内在需要和无限可能。日新月异的技术变革不仅是对文科的时代挑战，更意味着文科不能缺席，一方面要面向新科技革命与产业革命重构自身的人才培养模式，另一方面要对技术进步所引发的公众焦虑与伦理恐慌进行合理调节，这正是新文科建设的时代价值之一。

4. 区域优势

充分利用区域优势是新文科建设的外在保障，这具体体现在国际国内两个层面：在国际层面，新文科作为后工业时代的学科范式，强调学科应超越传统社会科学以民族国家为分析框架的局限性，突出全球化视阈下的民族间共性，从而消解现代社会科学中西方中心主义的胎记，并构建一个以人类命运共同体为终极价值目标的去西方中心主义的学科体系和学术话语体系；在国内层面，我国高校尤其是众多的地方性高校的优势学科都是利用其区域优势发展起来的，但以往这种优势更多体现在理工科，而文科更多时候进行的是“全国一盘棋”般的趋同式建设，并未体现出较强的区位特色以及与地方经济发展良好的匹配度。新文科区别于传统文科的一个重要特征就是提倡高校围绕辐射区域的特殊性与经济社会发展需求，结合自身的办学定位与办学条件，坚持走政、产、学、研合作发展道路，打造特色文科和优势文科，从而更好地助力地区产业的升级和发展。

二、新文科建设的瓶颈及原因

不同的学者基于对新文科内涵及其特征的不同认识和理解提出了相应的建设路径选择。吴岩认为，新文科建设应“加快理论体系创新”“深化专业改革”“开展课堂革命”。樊丽明认为，建设新文科关键在于“建设新专业或新方向、探索新模式、建设新课程、构建新理论”。邵培仁提出，新文科建设应从本土化、交叉化和国际化三个维度入手，其中，本土化是新文科建设的土壤和根基，交叉化是新文科建设的策略和方法，国际化是新文科建设的准绳和坐标。曹胜高认为，新文科建设的关键问题是要明确新文科的定位，它不是组织形式的变化，而是教育内容的变革，旨在培养超越现有专业局限与学科局限，专业素养高、学术能力精、综合实力强、有创造视野的新人才。无论从人才培养还是学科建设的视角，上述研究都强调了学科交叉、融合、创新对新文科建设的重要意义。问题在于，尽管早在 1985 年就召开了首届交叉科学学术讨论会，又在 2008 年将中国高校哲学社会科学发展论坛的主题确定为“跨学科研究与哲学社会科学创新”，但多年来并没有诞生令人信服的基于学科交叉融合创新的“新文科”。深入分析影响新文科建设尤其是制约学科交叉融合创新的瓶颈性问题及其背后的根本性原因是推进新文科建设的重要前提。

（一）学科分类体系难以适应知识创新的现实要求及未来趋势

不同国家基于自身文化传统和对知识分类的不同理解形成了不同的学科分类体系。中国古代传统学术迥异于西方，不主张将学术分而治之。中国现代高等教育诞生以来先后借鉴过欧美、苏联等高等教育学科分类体系。现行的学科分类体系是在新中国成立尤其是改革开放后逐渐形成的，体现的是近几十年来知识生产、学术创新和高等教育发展的实际需要。而早在十多年前，就有研究者指出，“专业分化的日益加剧造成学科分类问题日渐突出，特别是在人文学科和社会科学领域甚至出现阻碍学科发展的端倪”。

近年来，应用经济学一级学科下的金融学、财政学，工商管理一级学科下的会计学，文学一级学科下的语言学等相继提出要升级为现有学科分类体系中的一级学科，同时国家公布的“双一流”建设学科的名称也与现行学科分类体系出入甚大。这种争论、差异体现了现行学科分类体系已经难以适应知识创新的现实要求及未来发展趋势。实际上，无论是从逻辑演绎还是从社会发展来看，现行学科分类体系更多体现的是第三次工业革命中社会实践、知识创造和知识分类的要求。尤其是随着人类生活的日趋复杂和现代科学技术进步对人类生产、生活、思维模式的改变，现行学科分类体系已难以胜任社会对大量新产生知识的分类需求，更阻碍了人们更好地解释和回应现实世界许多重大问题的能力的提升。

（二）基层学术组织形态一定程度上制约了学科的交叉融合创新

基层学术组织是以学者为核心、以知识生产为目标、以协同创新为途径的基本学术单元。我国高校院系、研究所、教研室或课程组等文科类基层学术组织基本上是由同一学科、同一专业的学者或是由讲授同一门课程或同类课程的学者组成的，在学科交叉融合创新上难以产生化学反应。目前高等学校基层学术组织的学者们大多是专门化教育的产物和受益者，他们习惯于专门化教育塑造的知识结构和“深井式”的研究视野，文科学者之间、文科学者与理工农医学者之间因教育背景、学科训练、研究对象以及所使用的方法和工具等方面的差异，无法有效地利用技术工具或其他学科的理论和研究方法来解决所在学科、专业领域的前沿问题和重大问题。尽管高等教育已认识到问题所在，并试图通过建设协同创新中心坚持以解决重大现实问题为导向的知识生产逻辑和学科建设方向，但现有协同创新中心没有在根本上超越传统的“科学共同体”的局限，文科类协同创新中往往是由使用相同“语言”、范式或方法的志趣相投的专家学者组成的，无法实现文科内部应参与的不同学科学者间的合作交流，更谈不上与理工农医等学科领域学者的跨界合作，最终导致知识创新缺乏多学科、跨学科或是超学科的视野，解决重大现实问题的路径缺乏符合客观现实复杂性的综合视角和应用价值。

（三）人才培养体系难以有效实现新文科要求的人才培养目标

新文科是对传统文科教育的升华，或者说是对传统文科的教育理念、培养模式、课程设计、教学范式等方面的全面重构。从教育理念来看，在我国强调社会转型、促进产业升级、提倡创新的大背景下，长期以来占据主导地位的专门化教育理念已经不能适应新文科对培养复合型、创新型以及全面发展人才的需要。从培养模式来看，传统的依托单一学科、以传授专业知识为主的文科人才培养模式，由于专业划分过细、课程过专过窄、人文教育缺失等，导致学生知识结构不宽广、人格发展不健全、思维方式相对单一、创新创造能力不强，从而难以充分适应现代社会问题复杂化、知识应用综合化及知识创新常态化的新要求。从课程设计来看，既存在基础性课程，有利于促进学生全面发展的人文、艺术和自然科学方面的课程和涉及社会调查与研究方法之类的工具性课程开设不完整的情形，又存在课程内容更新不及时、知识容量小、课程挑战度低等问题，更谈不上构建有效的跨学科复合课程群。从教学范式来看，以授课教师为中心、以知识传授为目标、以班级编制为组织载体的传统课程教学模式在大多数学校和专业的人才培养体系中仍占主导地位。总而言之，人才培养的狭窄化与现实问题综合化的矛盾还比较突出，对符合新文科要求的人才培养目标的支撑力度亟须加强。

（四）评价体系对新文科建设的支撑引领作用明显不够

评价体系具有指挥棒的导向作用。在学科评价、学术评价、学生评价、学者评价等方面，我们还在坚守传统学科、传统专业的价值追求，对高等学校探索学科交叉融合创新以及新文科转型发展激励不足。在学科评价方面，目前的学科评价体系按照既有学科分类标准，重在对某学科领域的纵向发展成效的评估，尚未对个学科的横向拓展及其交叉创新能力予以足够的关注，无法从“指挥棒”的角度引领新文科走向综合化。在学术评价方面，对成果质量的要求和激励不足，对人文社会科学学科的学术成果重视不够，追求论文数量、期刊等级和揠苗助长式的学术氛围还没有根本性扭转，以能力和贡献为导向的科研评价和激励机制还未建立起来。在学生评价方面，在本科教学工作审核评估过程中要考核毕业生就业的专业对口情况，这有悖于新文科建设的目标与价值追求；研究生学位论文评价指标体系中还有论文选题是否符合专业培养要求的内容，一旦毕业论文是跨学科研究成果，便可能因论文评阅者认为不是本学科或本专业的研究成果而放弃评阅或投否决票，最终导致“理性”的研究生和研究生导师尽量回避跨学科研究。在学者评价方面，“五唯”评价体系尚未得到根本扭转，高等学校对教师的科研考核、职称评定往往看重学术论文与学术专著的数量，对教师科学研究成果的创新性关注不够，更缺乏实实在在的激励。

三、高校新文科建设的方向与措施

高校推进新文科建设应该把握人文社会科学的发展规律，在充分调研的基础上凝聚起高校和社会新文科建设的共识。

（一）新文科建设的重点方向

新文科建设要把握人文社会科学各学科新的增长点和突破点，把握新文科学科体系建设的本质特点和内在要求。新文科建设重点要把握新的研究对象、新的研究范式和新的社会需求。

一是新产业变革创新领域出现的新文科。在新一轮科技革命和产业变革大潮中出现了人工智能、区块链、基因工程、虚拟技术等大量新兴技术领域，人文社会学科与科技强国战略相匹配，与理学、工学中的新兴领域交叉融合，是新文科的重要内容之一，如与无人驾驶技术配套的相关法律、公共政策、社会问题研究等。

二是传统研究范式转变带来的新文科。随着大数据技术的推广，人文社会科学给全样本数据分析和处理在解决经济社会发展和人们思想变革方面带来了新的便利，同时也产生了新的文科增长点。

三是经济社会发展和人们需求的新变化带来的新文科。人文社会学科关注的人类社会和精神世界给不同领域、不同行业的发展带来了新的诉求，基于人工智能的智能法学、智能政治学、智能社会学、智能伦理学、智能新闻学、智能教育学等智能社会科学学科建设是新文科的重要体现。

（二）新文科建设的具体措施

1. 观念重构

高校人文社会科学教育必须坚持立德树人，贯彻落实新的发展理念，重塑教育观念和指导思想。一是坚持马克思主义的指导地位，用马克思主义世界观和方法论指导教育实践，指导理论创新，用习近平新时代中国特色社会主义思想指导新时代中国特色社会主义重大理论创新和重大现实问题研究，探索人文社会科学学科的科学内涵、核心要义、精神实质。二是坚持“以生为本”的开放办学理念，扎根中国大地办学，突出时代特色和国际视野，落实学生的中心地位，强化跨学科教育和综合性、复合型素质结构，改变专业过窄过细的弊端，培养出既具备科学与基础理论修养，又具备家国情怀和全球视野的学生。三是坚持以学校为办学主体和发展主体，按照《高等教育法》规定落实高校办学自主权，允许高校根据社会需求和自身发展条件设置特色学科或专业，鼓励高校开展人才培养模式和办学体制机制改革。

2. 结构改造

优化人文社会科学学科专业结构是推进新文科建设的基础。近年来受新科技、新产业、新问题的驱动，以交叉学科为主要标志的新兴学科生长点初见端倪。研究表明人文社会科学领域交叉学科虽然起步较晚，但发展较快。人文社会科学学科内部以及人文社会科学与医、农、工学科出现多种交叉学科，尤其是在经济学、管理学、统计学等领域衍生出新的学科生长点。高校人文社会科学学科专业结构调整：一是要做好增量规划，构建新兴文科专业。高校应遵循教育教学规律和学科发展规律，探索设置前沿学科、紧缺学科和冷门学科。比如，要把新兴学科和交叉学科建设融入中国特色人文社会科学体系构建中，发展我国的学科交叉理论（跨学科学），研究学科交叉发展的整体特点和普遍规律。二是做好存量调整，加快传统学科专业的升级改造。比如，新闻传播学可以将传统新闻学与新媒体、艺术学结合起来，培养具有全媒体技能的新型传媒人才。三是做好学科整合，发展以问题为导向的学科研究方向。有些道德、社会问题处于科学、技术和社会的交叉地带，越来越多地依靠多学科互相渗透，协同攻关。比如，对于区域问题研究，除了传统的历史、政治、文学、教育等分学科研究以外，结合"一带一路"倡议等国家战略，设置区域（国别）研究学，可以从外国语言文学、国际关系、地域政治、军事和经济等角度开展综合性研究。

3. 模式再生

人才培养质量是新文科建设成效的重要体现。课程改革和建设是人才培养模式的核心和落脚点。要在传统培养模式改革的基础上创造适合学生成长需求的新型人才培养模式：一是把握文科教学质量标准。各高校应修订调整专业人才培养方案，形成适应时代发展的、体现学校办学特色的质量标准体系和监控体系。二是构建跨学科的复合课程群。传统意义上的课程过度重视知识的学科归属和逻辑体系，忽视了知识体系的自身完整性及人的全面发展需求。复合课程群以知识主题为导向，超越学科中心，可以培养学生形成独特的跨越学科界限的知识视野和思维方式。三是探索开放式课程教学模式。各高校应利用新科技成果、新技术手段改变传统教育中课程内容与教学方式陈旧僵化的问题，开展学习成果导向、问题导向的课程体系重构，深入实施产教融合、科教结合、校企合作、中外交流的协同育人机制。

4. 平台垒筑

平台建设与机制保障是新文科建设的重要依托。做好新文科建设的整体规划和顶层设计：一是在组织上由隔离走向协同。高校可以按照研究方向设立跨学科研究中心、研究计划和教学课程，建立没有围墙的、完全学科整合式的学术组织结构。二是在管理上变刚性为柔性。有关部门应打破本科教育原有的院系、专业壁垒，改革现有的学科专业架构体系，将传统专业教育从一而终的刚性培养模式变革为更加灵活的菜单式、可定制的自主学习模式。三是在制度上变约束为激励。有关部门应深化制约学科建设、科研评价、人才培养工作的体制机制改革，制订以政策引导和制度激励为核心的规章制度，改革经费管理和运行制度，形成有利于创新、交叉、开放和共享的文科建设与保障机制，激发活力和创造力。

5. 类型分布

不同类型的高校开展新文科建设不能搞一刀切，应各有侧重、分类实施。传统文科优势高校应做到大而强，形成文科集聚优势和学科群实力。一方面要发挥高校自身优势以及与行业产业紧密联系的优势，推动文科内部之间的交叉复合，如实现英语与相关学科的复合，开拓学生的国际视野，推进互联网、大数据等与传统文科专业的深度融合，增强学生的实践创新能力；另一方面要关注人文社会科学领域的重大理论创新及重大现实问题，加强对战略急需的冷门学科和边缘学科的建设，注重与国际一流高校的合作以及与行业部门的协同。

综合性高校应做到强而精，力求把覆盖的文科建成精品。首先，要发挥学科综合优势，聚焦与国家发展战略密切相关、处于理论前沿领域的问题，关注人文关怀和人文价值问题研究，实现文科与其他学科相互借力助力、均衡发展；其次，要重点关注世界高水平综合性高校人文社会学科建设、人文社会科学研究与评价构建，着重在体制机制创新、学科发展方式路径上形成中国特色；最后，要充分利用综合性高校图书、设备、校风、国际交流等软硬件资源，聚焦培养多学科、高层次的精英人才，在建设国家创新人才培养体系上形成中国特色，为创建世界一流高校提供支撑。

理工科高校应做到优而特，体现人文社会学科的丰富内涵和人文价值。受制于资源条件，文科设置应集中在理工科与人文社会学科的结合处，关注行业领域的系统性、复杂性问题。文科发展也可定位于理工专业教育中的通识教育，意在丰富和扩大理工教育的内涵。

地方高校应该做到好而实，推动传统文科转型升级。地方高校应该充分利用地方区位优势，聚焦地方经济社会发展和文化建设需求，以满足地方要求为建设标准，集中有限资源形成新的人文社会学科，充分利用当地物质文化资源，构建与区域经济社会发展相适应的学科专业体系，培养既有坚实理论基础又有较强实践能力的专业人才，打造地域人文社会科学研究特色，如开展敦煌学、岭南文化研究等，在保护文化多样性的同时彰显自身办学特色。

四、我国新文科建设的战略意义

（一）建设现代化大国和科教强国的需要

以一流人才支撑一流国家建设，是强国崛起的基本逻辑。国家创新发展的硬实力和软实力，归根结底都要依靠人才实力。培养什么样的人才，如何培养高质量的人才，也同样是哲学社会科学教育的时代命题，也是新文科建设面对的机遇和挑战。2016 年 5 月 17 日，习近平总书记在哲学社会科学工作座谈会上发表重要讲话时强调："要按照立足中国、借鉴国外，挖掘历史、把握当代，关怀人类、面向未来的思路，着力构建中国特色哲学社会科学，在指导思想、学科体系、学术体系、话语体系等方面充分体现中国特色、中国风格、中国气派。"基于此，新文科建设的目标是培养具有新时代中国特色、中国风格、中国气派的人才。培养优秀的社会科学家。哲学社会科学应立足中国现实，植根中国大地，把当代中国的发展进步和当代中国人的精彩生活表现好、展示好，把中国精神、中国价值、中国力量阐释好。创新是哲学社会科学发展的永恒主题，也是社会发展、实践深化、历史前进对哲学社会科学的必然要求。新文科无疑是对哲学社会科学人才培养的新尝试。

（二）彰显文化自信和培育新文化的需要

新文科建设是以文化人、以文育人、以文培元的使命的具体履行。习近平总书记提出"文化文艺工作、哲学社会科学工作就属于培根铸魂的工作"，坚定中国特色社会主义的道路自信、理论自信、制度自信，说到底是要坚定文化自信。大规模的文化建设构成了物质成就的精神或灵魂，文化自信是一种精神力量，它只有在物质领域发展的特定阶段才会得到高度的凝聚，但它一经形成，便会成为一种贯穿于各种认识和实践活动的支配力量。新文科建设是社会主义先进文化的重要载体，对提升国家文化软实力具有重要意义。一方面，新文科建设要培养具有文化自信的文化建设主力军，并将文化带入实践中，传承和发扬文化；另一方面，新文科建设培育的人才应能推动中华优秀传统文化的创造性转化和创新性发展，讲好中国故事，满足人民群众日益增长的文化生活需要。

（三）参与并融入国际交流语境的需要

新文科建设要尝试重新构建学科体系、学术体系与话语体系，这是培养发出中国声音、形成中国主张、推广中国经验的人才的需要，是形成有中国特色的哲学社会科学学派的需要。

如何培养新文科人才：一方面，为全面提升人文社会科学的学术原创能力、思想引领能力、学术话语体系构建与传播能力、国际学术影响力，打造一批人文社会科学学术人才基地和原创思想策源地，强基固本，进一步融入国际交流和深度对话中，发扬中国文化、传播中国思想；另一方面，秉持开放包容的大国态度，将优秀人文社会科学吸收和借鉴到我国文化中来，形成有独立主张的中国理解和阐释，积极参与和融入多元国际合作和全球治理中，发出中国声音。

（四）高校进行专业结构优化调整与人才培养模式改革的需要

高校专业建设要服从和服务于科技进步和经济社会发展的需要，要把社会需求作为高校专业设置和优化调整的第一准则。新时代高校教学改革的关键任务之一就是要主动适应和引领新技术、新产业、新业态、新模式，优化高校专业布局，实现人才培养结构、培养模式与国家需求相匹配，专业体系、人才培养体系与产业链、创新链等相衔接。专业是人才培养的“基本单元”，因此，从这种意义上看，专业结构的优化调整是决定我国高等教育能否实现高质量发展的关键一环。我国高校现有不少专业的培养目标与定位比较模糊，专业核心能力与核心素养不够明确，课程体系与课程内容无法有效支撑专业培养目标的实现。此外，一个特别明显的不足是有关专业在人才培养方案的设计上往往囿于单一的学科或专业门类界限，较少进行跨学科、跨专业的主题课程选修，也没有给予学生更多的学习选择权。这种各专业之间的隔断或界限不利于培养跨学科交叉的创新人才，也不利于人才培养匹配社会需求。新文科的建设旨在改变现有文科教育模式，推动文科人才培养模式和教育组织形式的变革。

第二章　高校英语教学综述

高校英语教学是我国高等教育的一个重要组成部分，它是以英语教学理论为指导，以英语语言知识与技能、跨文化交际和学习策略为主要内容，集多种教学模式和教学手段于一体的教学体系。

第一节　英语教学的内涵

一、教学的定义

在了解英语教学之前，我们要先知道教学是什么，要学会如何掌握教学内容。由于教学内容的不同，每个学科的关注点也不同，不同的专家学者对教学的定义也有所不同。“教学”包含两种含义：一种是“教”的含义，另一种是“学”的含义。“教”是“学”的前提，“学”是“教”的结果，两种含义属于并列关系。

二、英语教学的定义

英语教学是直接影响学习者的语言运用能力的。要实现学习目标，关键在于教师“教”的方法和学生“学”的过程。具体而言，英语教学的定义主要包括以下几个方面。

（一）英语教学是有目的的活动

英语教学分为不同的教学阶段，每个阶段的教学目的和意义都是不同的，并且每个阶段的教学目的都分为不同的层次。

（二）英语教学带有系统性和计划性

英语教学是系统性的语言教学，这种系统性的关键在于学校教学的管理者、教育机构以及教研部门。英语教学也具有计划性，这种计划性主要来源于教师和学生，教师要计划如何进行教学，学生要计划如何学习。

（三）英语教学需要采取合理的教学方法和教育技术

英语教学经过长时间的积淀才形成了大量的教学方法。随着信息技术的发展，多媒体逐渐走进课堂，为英语教学带来了更多的教学方式。在英语课堂中，由于每个学生的学习能力不同，教师要因材施教进行教学。教师要掌握学生的学习特征，借助一定的教学方法和技术进行教学，促进学生整体素质的发展。

三、英语教学的本质

英语教学研究以学生的学习实践活动为主要方向，努力将更多的教学理论知识运用于教学实践中，指导学生用科学的方法进行英语学习。当然英语教学不只是一门简单的语言教学，更是一种文化教学。

（一）英语教学是一种语言教学

语言的学习并不是一蹴而就的，它是指学习者对语言具有的某些特征持续不断地关注，以此为基础形成新的假设，并针对原有的假设进行一种检验与修正，在这一反复的过程中，达成学会语言的目的。在对原有假设进行修正的过程中，人的意识必然会参与其中，也势必会对语言的个别形式加以关注。英语教学作为语言教学，其本质应该是培养学生综合运用英语的能力。

（二）英语教学是一种文化教学

每个国家的语言都是不同的。一个国家的语言可以反映出一个国家的文化，语言和文化两者之间是密不可分的。在英语教学过程中，学习者不仅要学习语言知识，还要学习文化知识，所以英语教学也是一种文化教学。

第二节　影响高校英语教学的因素

影响高校英语教学的因素有很多，在此不可能对所有因素都一一详述，本节将围绕高校英语教学所涉及的一些主要要素，如教师、学生、教学内容、教学方法、教学环境等进行分析。

一、教师

教师是高校英语教学的重要因素，在英语教学中起着主导作用。在英语课堂上，教师主要充当两种角色，即掌控者和引导者。作为一名合格的英语教师首先应该具有纯正的发音。然而，并非所有的英语教师都具有纯正的发音，所以教师可借助 VCD、广播以及多媒体等手段来弥补自己的不足，确保学生在课堂上所听到的内容都是发音纯正的。同时，教师在讲解单词、句子、课文时，应该穿插一些解释，对难懂的词语要不断重复讲解。

在多数英语课堂上，教师的讲解占据课堂大部分的时间，不可否认，教师的讲解有利于学生的语言习得，但也不能因此牺牲掉学生的练习时间。同时，教师还要注意不断变化教学的形式，以增强课堂的趣味性。一位合格的英语教师还应具有一定的应变能力，能预测课堂活动中出现的状况，能很好地处理课堂上的突发事件，确保课堂活动的有序开展。

此外，教师应该随时调整自己的提问方式、语言运用方式、提供反馈的方式。在英语课堂中，提问是教师常用的一种教学手段。通过提问，可以有效激发学生的兴趣，促使学生积极思考。另外，语言运用的方式也很重要。为了让学生对所讲述知识有一个充分的了解，教师在教学中可以采用重复话语、降低语速、增加停顿、改变发音、调整措辞、简化语法规则、调整语篇等措施。学生是英语教学的重要反馈者，同样，教师的反馈也是十分重要的。所谓提供反馈就是指教师对学生的学习情况进行反馈。教师的反馈可以是对学生话语的回答，如指出学生回答正确或错误、赞扬鼓励、扩展学生的答案、重复学生所答、总结学生回答、批评等。总之，教师的目的就是采用不同形式的教学方法，调动学生的积极性，扩展学生的知识面，培养学生的学习能力，提高整体的教学效果。

二、学生

（一）角色定位

在英语教学中，学生主要扮演以下几个角色。

1. 参与者

作为英语教学活动的重要参与者，学生应积极主动地参与到各项活动中，积极思考，勇于表达自己的观点，展示个人的才能。

2. 合作者

英语教学是由教师和学生共同完成的，因而团队合作是不可缺少的。在合作中，师生可以相互学习、相互帮助，共同提高。

3. 反馈者

在英语教学中，学生的反馈信息是教师教学的一个重要依据。学生可以结合自身的学习经历，就教学的实用性向教师提出建议或意见，并协助教师改进和完善教学内容和教学方法，从而提高教学效果。

（二）个体差异

学生之间的差异主要体现在以下几个方面。

1. 语言潜能的差异

卡洛尔认为，语言潜能包括以下几方面。

第一，语音编码、解码的能力，即关于输入处理的能力。

第二，归纳性语言学习的能力，它是有关语言材料的组织和操作的能力。

第三，语言敏感性，它是从语言材料中推断语言规则的能力。

第四，联想记忆能力，它是关于新材料的吸收和同化能力。

每个学生的语言潜能都存在差异。在英语教学过程中，教师应了解学生的语言潜能，从而因材施教，以收到事半功倍的效果。

2. 认知风格的差异

认知风格又称认知方式，是指个体在认知过程中所表现出来的习惯化的行为模式，它既包括个体知觉、记忆、思维等认知过程方面的差异，也包括个体态度、动机等人格形成和认知功能及认知能力方面的差异。每个学生都有各自不同的认知风格。每个学生都有自己偏爱的信息加工方式，在学习不同材料时也会各有所长。当学生的认知风格与教师的教学风格、学习环境中的某些因素相吻合时，就会获得好的学习成绩。因此，教师应了解并尊重学生的认知风格，针对不同的学习任务和学习环境因材施教、正确引导，使自己的教学特点与学生的需要有机地结合起来，从而获得良好的教学效果。

3. 情感因素的差异

情感因素差异主要涉及以下几个方面。

（1）学习动机

学习动机是引发和维持个体学习活动，并将学习活动引向一定学习目标的动力机制，是直接推动学生进行英语学习的内部动力，是影响英语学习成绩的一个关键因素。学习动机来源于学习活动，也是学习活动得以发动、维持、完成的重要条件，并由此影响学习效果。

（2）性格

性格是指一个人对客观现实的稳定态度和行为方式中经常表现出来的稳定倾向，是学生重要的情感因素，也是决定其英语学习成功与否的关键因素之一。人的性格大体可以分为外向型和内向型两种。埃利斯认为，外向型的学生更擅长交际方面的学习，因其喜欢交际，不怕出错，能积极参与英语学习活动，并在活动中寻求更多的学习机会；而内向型的学生在发展认知型学术语言能力上更占优势，因其善于利用沉静的性格从事阅读和写作。对教师来说，研究学生性格差异的最终目的是要充分了解学生的个体差异和不同的心理状态，发挥不同性格学生的优势，因材施教，以获得更理想的教学效果。

（3）态度

态度就是个体对他人或事物的稳定的心理倾向或为达到某种目的而做出的努力，它是影响学习效果的重要因素之一。学习态度一般包括情感成分、认知成分和意动成分。所谓情感成分，就是对某一个目标的好恶程度；认知成分是对某一个目标的信念；意动成分就是某一个目标的行动意向以及实际行动。通常来讲，要想获得好的学习效果，学习者应该对异质文化具有好感，向往其生活方式，渴望了解其历史、文化和社会习俗等。此外，学生对学习材料、教学活动的组织形式及对教师的态度都会影响到他们语言学习的效果。

分析学生的个体差异有利于教师制订合理的教学计划，选择适合的教学材料及方法。

（三）成功的语言学习者的特点

第一，认真并愿意听教师讲课，坚持做笔记，对教师讲过的单词、短语、句子和课文等定期复习。

第二，具有冒险精神，能大胆地运用所学知识，不怕犯错，对于教师的纠正有较好的态度。

第三，善于思考，可以用英语思维来考虑问题，能将所见所闻与学过的英语知识联系起来。

第四，懂得通过与教师的交际来提高自己的语言水平，主要表现为经常提问、积极发言。

第五，有适合自己的学习方法，并且彼此之间存在差异，例如，有的学生喜欢早上背单词、课文，有的学生则善于睡前背诵单词、课文，因此学习者应该善于寻找和琢磨适合自己的学习方法和时段。

第六，有着长远的学习目标，要使近期目标比目前学习的内容更加深入，善于充分利用有限的课堂时间与教师和同学进行交流。

第七，懂得安排自己的课后时间，懂得学习英语需要持之以恒的态度。

三、教学内容

教学内容是指在教学活动中为实现教学目标，师生共同作用的知识、技能技巧、思想、观点、概念、原理、事实、问题、行为习惯等的总和。教学内容是一种特殊的知识系统，既有别于语言知识本身，又不同于日常经历；既要考虑英语学科本身的知识体系，又要考虑学生的年龄特点和实际需求等。通常来讲，教学内容主要有以下五个方面。

（一）语言知识

英语语言知识是综合英语运用能力的有机组成部分。语言知识是语言学习和语言运用的重要内容之一。英语语言能力的形成是以语言知识为基础的。

（二）语言技能

英语语言技能主要包括听、说、读、写四个方面，它们是形成综合语言运用能力的基础和必要手段。“听”的技能就是分辨和理解话语的能力；“说”的技能就是运用口语表达思想、输出信息的能力；“读”的技能是指辨认和理解书面语言的能力；“写”的技能主要指运用书面语表达思想、输出信息的能力。

在大量听、说、读、写等专项及综合性训练中，学生将会拥有这几种技能的综合运用能力，为真实的语言交际奠定基础。

（三）情感态度

情感态度是指兴趣、动机、自信、意志和合作精神等影响学生学习过程和学习效果的相关因素。积极的情感态度有利于发挥学生潜在的各种技能；相反，消极的情感态度会阻碍语言学习能力的养成。因此，教师在教学中应不断激发并强化学生的学习兴趣，引导他们逐渐将兴趣转化为稳定的学习动机，从而形成积极的情感态度。

（四）文化意识

文化意识是指对中外文化的理解和对优秀文化的认同。英语文化意识包含英语国家的地理、历史、风土人情、传统习俗、生活方式、文学艺术、行为规范、价值观念等。对于英语学习者来讲，接触和了解英语国家的文化可以加深其对英语语言的理解和使用，提高其人文素养，培养其世界意识。因此，教师在英语教学中要注重对学生文化意识的渗透，根据学生的年龄特点和认知能力，传授文化知识，培养他们的文化意识和世界意识。

（五）学习策略

学习策略是指学生为有效地学习和发展而采取的各种行动和方法。英语学习策略主要包括认知策略、调控策略、交际策略和资源策略等。培养学生的学习策略可以促使他们进行有效学习，并能为终身学习奠定基础。好的学习策略可以改进学生的学习方式，提升学习效果，还能使学生学会如何学习，从而形成自主学习的能力。因此，教师要帮助学生形成自己的学习策略，对自己的学习过程和效果进行监控和反思，培养学生根据学习风格调整学习策略的能力，引导学生善于观察他人的学习策略，乐于尝试不同的学习策略。

四、教学方法

教学方法是教师和学生为了实现共同的教学目标，完成共同的教学任务，在教学过程中运用的方式或手段的总称。从古至今，英语教学中出现过不少教学方法，并且它们都在英语教学中发挥过作用。然而，事实证明，教学方法没有最好的，只有最有效的。具体地说，如果英语教学中采用固定的、一成不变的方法，就会引起学生的反感，也会降低英语教学的效率。如果在一堂课上只使用一种教学方法，学生就会感到单调、乏味。因此，英语教学所采用的方法应具有灵活、多样等特点，要对各种语言技能有所侧重，这样才能全面提高学生的英语学习能力。

五、教学环境

教学环境是一个由多种不同要素构成的复杂系统。广义的教学环境是指影响学校教学活动的全部条件，包括物理环境和心理环境；狭义的教学环境指班级内影响教学的全部条件，包括班级规模、座位模式、班级气氛、师生关系等。在此，笔者将教学环境的要素总结为以下几方面。

（一）社会环境

这一环境是影响和制约英语教学的重要因素，它主要涉及社会制度、国家的教育方针、科学技术水平、经济发展状况、人文精神、英语教育政策、社会群体对英语学习的态度以及社会对英语的需求程度等。英语教学发展的主要动力就是社会环境，它对英语教学有着极强的导向作用。

（二）学校环境

为学生提供学习场所和学习手段的最佳环境就是学校。学校环境对英语教学的影响是最重要和最直接的，它决定着多数学生英语学习的成败。

学校环境主要涉及课堂教学、班级的大小、教学设施、教学资料、英语课外活动、英语教师及其他教职工对英语的态度、英语教师的教学水平、校风班风和师生人际关系等。

（三）个人环境

个人环境也会对学生的英语学习产生一定的影响。个人环境一般包括学生的家庭成员、同学、朋友的社会地位，学生的物质生活条件，文化水平，职业特点和对英语学习的态度、经验、水平及学习方式，成员之间的关系及感情，学生的经济状况以及拥有的英语学习设备和用具等。

第三节　高校英语教学的理论依据

不同的英语教学方法源于人们对语言教学的不同看法，以及对语言学习的不同理解。因此，为了更好地认识和理解英语教学，我们还要了解和学习一些影响英语教学的理论基础。

一、比较语言学

比较语言学起源于 18 和 19 世纪的欧洲，它主要研究印欧语系中语言的语音系统。比较语言学是把各种语言放在一起加以共时比较或把同一种语言的不同历史发展阶段进行历时比较，以找出它们之间在语音、词汇、语法上的对应关系和异同的一门学科。利用比较语言学既可以研究相关语言在结构上的亲缘关系，找出它们的共同母语，又可以找出语言发展、变化的轨迹和导致语言发展、变化的原因。这门学科在 19 世纪被广泛地应用于印欧语系的语言研究中，并取得了较大成就。

二、结构主义语言学

从 19 世纪末到 20 世纪中期，不少学者如帕西、布龙菲尔德、斯威特、韩礼德等都对语言的结构进行了分析和研究，并提出了很多重要的观点。在众多研究中，美国和英国的语言学家对结构主义语言学的研究做出了重要的贡献。

（一）美国的结构主义语言学

美国结构主义语言学是从研究美洲印第安人的口语语言开始的。之后，美国结构主义语言学家用“描写”的方法研究了英语及其他印欧语系的语言。语言学家们认为语言是一个把意义编成语码的系统。这个系统主要由结构相关的成分构成，包括音位、词素、单词、结构和句型。一个语言系统主要包括音位系统、词素系统和句法系统三个方面。

1. 音位系统

在音位系统中，人们应该对音位、音位变体、音位组合的规则进行描述，还应该对连贯话语中的语音现象进行描述。

2. 词素系统

在词素系统中，人们应该对词素、词素变体、自由词素和黏着词素等成分和结构加以描述。

3. 句法系统

在句法系统中，人们应该对词的分类、短语分析、直接成分分析和句型的类型进行描述。

这些语言学家认为，口语是活的语言，所以语言是口语，不是书面语。学习语言首先应该学习口语，而学习口语就应该从学习讲某种语言的“当地人”所说的话开始。美国结构主义语言学家还发现语言有自己的独特结构，不同的语言有不同的音位系统、词素系统和句法系统。同样，不同的语言在音位系统、词素系统和句法系统中的成分、结构也有所不同。因此，学习语言要注重其差异性。

鉴于语言的这种差异性特征，美国结构主义语言学家认为，学习英语语言还受母语的干扰和影响。学习英语需要克服因英语语言结构和母语结构上的差异而产生的困难和错误。

（二）英国的结构主义语言学

英国语言学家在对语言结构特别是句型结构的研究上取得了卓越的成效和显著的成果。对英国语言结构研究做出重要贡献的人物有帕尔默、霍恩比等。英国语言学家从 20 世纪 20 年代开始共同分析、总结了主要的英语语法结构，并把这些英语语法结构归纳成一定的句型。英国语言学家主要的研究成果可以从霍恩比所编的《牛津现代高级英语词典》等著作中看出来。霍恩比在其所著的《英语句型及惯用法指南》一书中归纳了很多英语句型，包括 25 种动词句型，5 种名词句型，3 种形容词句型。霍恩比还通过大量的实例说明这些句型的意义和句型与句型之间的转换性。例如，“Most people considered him（to be）innocent.”可转换为“Most people considered（that）he was innocent.”。

与美国结构主义语言学研究不同，英国结构主义语言学家的研究更加强调语言结构和结构使用情景之间的关系。20 世纪 40 年代，英国形成了结构主义伦敦学派，其代表人物有马林诺夫斯基和弗斯。

三、社会语言学

社会语言学是指运用语言学和社会学等学科的理论和方法，从不同的社会科学的角度去研究语言的社会本质和差别的一门学科。社会语言学认为，语言的最本质功能就是语言的社会交际功能。美国社会语言学家海姆斯认为，一个儿童是在社会化的过程中习得母语的，这不仅能使他们理解本族语的习惯并说出符合语法的句子，而且还能在一定的场合和情境中恰当地使用语言。1996 年，海姆斯提出了“交际能力”理论。海姆斯认为，交际能力是指运用语言进行社会交往的能力，既包括言语行为的语法正确性，又包括言语行为的社交得体性；既包括语言能力，又包括语言运用。

四、行为主义心理学

行为主义心理学兴起于 20 世纪 50 年代的美国，其代表人物主要有华生和斯金纳。他们将学习看作刺激与反应的联结，并提出了一个假设，即行为是学习者对环境刺激所做出的反应。他们将环境看成刺激，把有机体行为当作反应，认为所有的行为都是通过学习获得的。行为主义在学习理论中发挥了重要的作用，特别是巴甫洛夫的经典条件反射和斯金纳的操作条件反射理论在人类的学习中被广泛应用。

斯金纳认为，人们的言语、言语的每一部分都是由于某种刺激的存在而产生的。这里的“某种刺激”可能是言语的刺激，也可能是外部的刺激或内部的刺激。斯金纳指出，人的言语行为跟大多数其他行为一样，是一种操作性的行为，是通过各种强化手段获得的。因此，在课堂上如果学习者做出了操作性的反应后，教师要及时给予强化，例如，学生答对时要说“好”或“正确”，答错时要说“不对”或“错了”，这样学习者的言语行为就会得到不断强化，发生错误的可能性就会降低。

五、人本主义心理学

20 世纪五六十年代人本主义心理学在美国兴起，它与行为主义心理学和心理分析心理学形成了对立。人本主义心理学的主要代表人物有马斯洛和罗杰斯。他们认为，教育的作用在于提供一个安全、自由、充满人情味的心理环境，使人类固有的优异潜能自动得以实现。他们的主要理论是“情意教学过程论”和“以学生为中心的教学模式论”。

人本主义心理学强调学习者内心世界的重要性，并且把个人思想、意愿与情感放在所有人发展的中心地位。人本主义所倡导的学习理论，不像行为主义和认知心理学那样从验证性研究中得到原则后再形成推论，而多半是根据经验原则提出观点与建议的。此外，人本主义学习理论不限于对片面行为的解释，而是扩大至对学习者整个成长历程的解释。人本主义学习理论的基本观点如下。

第一，强调人的价值，重视人的意识。

第二，学习是人的自我实现，是丰富人性的形成。

第三，学习者是学习的主体，必须受到尊重。任何正常的学习者都能自己教育自己。

第四，人际关系是有效学习的重要条件，它在学与教的活动中创造了“接受”的气氛。

可见，语言学习既要教师向学生传输语言知识，还要通过大量的语言实践培养语言技能。学习语言的最终目的是交流信息、沟通思想，教师与学生面对面的语言交流和互动才是最有效的学习途径。人本主义学习理论的最大特点是重视学习的感情因素。因此，教师在语言教学过程中，要以学习者为中心，突出学习过程和自我实现的价值，贯彻“以人为本”的原则。

六、建构主义理论

随着心理学的不断发展，以及心理学家对人类学习过程中认知规律研究的不断深入，到20世纪后期，认知理论的一个重要分支——建构主义学习理论在西方逐渐流行。建构主义的最早提出者可追溯至瑞士学者皮亚杰以及苏联心理学家维果斯基。

建构主义理论强调以学生为中心的学习方法。他们认为，学生是信息加工的主体，是意义的主动建构者，而不是外部刺激的被动接受者和被灌输的对象；教师是学习的意义建构的帮助者和促进者，而不是知识的传授者和灌输者。20世纪90年代以后，随着科学技术的迅猛发展，多媒体和网络技术为建构主义学习理论的应用提供了技术支持，因此建构主义学习理论的教学设计思想得到了广泛应用。

七、二语习得理论

虽然在20世纪60年代这一理论已有展开，但是真正成为一门独立的学科是在20世纪70年代。它的主要代表人物是美国学者克拉申。他针对第二语言的习得提出了对英语界影响颇深的语言监控理论。该理论主要由五个假设构成，即习得 / 学习假设、自然顺序假设、监控假设、输入假设和情感过滤假设。

（一）习得 / 学习假设

对“习得”和“学习”的区分，以及对它们各自在习得者第二语言能力形成过程中所起的作用的认识，是克拉申理论的出发点和核心。在习得 / 学习假设中，克拉申将学习和习得明确地分开，他将习得看作学习者在无意识的状态下获得语言的过程，而学习是学习者有意识地通过课堂学习等方式获得语言的过程，甚至可以说，习得和学习的知识处在大脑的不同部位。

（二）自然顺序假设

自然顺序假设认为，人们习得语言结构知识的顺序是自然进行的。例如，大量实验表明，当儿童或成人学习英语时（第二语言学习），对“进行时”的掌握先于“过去时”，对“名词复数”的掌握先于“名词所有格”等。克拉申还指出，自然顺序假设并不要求人们按这种顺序来制订教学大纲。事实上，如果我们以习得某种语言能力为目的，就可以不按照任何语法顺序来教学。

（三）监控假设

克拉申还提出了监控假设来说明学习的作用。事实上，监控假设与习得 / 学习假设有着密切的关系，它体现了“语言习得”和“语言学习”的内在关系。根据这一假设，语言习得和语言学习的作用所存在的不同显现了出来。语言习得系统认为，潜意识的语言知识才是真正的语言能力；而语言学习系统则认为，有意识的语言知识只在第二语言运用时起监控或编辑的作用。这种监控作用既可能发生在语言输出前也可能发生在其后。但是，监控能否发挥作用主要依赖以下三个条件。

第一，有充足的时间。语言使用者只有具有足够的时间才能有效地选择和运用语法规则。

第二，注意语言形式。语言使用者必须考虑语言的正确性。

第三，知道规则。语言使用者一定要具有所学语言的语法概念及语言规则知识。

在口头表达时，人们通常只注重说话的内容而忽视形式，没有过多地考虑语法规则。因此，在说话时，如果总是考虑语法监控，不断地构思和纠正自己的语法错误，说起话来就会结结巴巴，妨碍交际活动的进行。在书面表达时，就不会出现这种状况，因为作者有足够的时间推敲字句、斟酌语法。

（四）输入假设

克拉申认为可理解的输入在第二语言习得中起着主导作用，学习者是通过对语言输入的理解而逐步习得第二语言的，其必备条件是“可理解的语言输入”。只有当学习者接触到的语言输入是“可理解的”，才能对第二语言习得产生积极作用。

（五）情感过滤假设

情感过滤假设认为，有了大量的适合的输入环境并不等于学生就可以学好目的语了，因为情感因素也起着促进或阻碍的作用，心理上的因素影响着学生习得语言的速度和质量。这些因素包括：①动力。学生的学习目的是否明确，直接影响他们的学习效果。②性格。比较自信、性格外向、乐于把自己置于不熟悉的学习环境、自我感觉良好的学生在学习中进步较快。③情感状态。在第二语言或外语的学习中，放松和感觉舒适的学生在较短的时间内学得更好。

第四节　高校英语教学的现状与发展

在高校英语课堂中，往往存在着教学方法单一、教学模式较传统等问题。在英语课堂教学中，教师一般都采取单向的知识灌输的方式，忽视学生在学习过程中的主体地位。英语课堂教学缺乏互动，教学过程只是简单的重复，枯燥无趣、缺乏创新，课堂效率低，无法调动学生学习英语的积极性和主动性，无法提高高校英语教师的专业化水平。

虽然多媒体技术不断发展，但很多高校英语教师依然沿用以前的教学模式和方法。高校英语教师没有跟随时代前进的步伐，没有满足教育改革浪潮下对英语教育改革的需求，没有树立现代化的教学理念，没有从根本上摆脱传统教学模式、教学思想的束缚。

高校英语教师应根据教育改革现状和学生发展的实际需求，有针对性地选择教学内容、教学模式，采取最适合学生的教学方法，开展课堂教学，突出学生在学习过程中的主体地位，激发学生学习英语的积极性，提高高校英语教师的教学水平。

一、英语基础知识教学现状

（一）语音教学现状

1. 对语音教学认识不够

（1）对语音教学不够重视

语言是存在于语音这个基础上的，各种各样的人类语言可能不全都具有各自的文字，但一定都有各自的语音。语音是英语教学的第一道难关。

因此，语音教学是英语教学的首要任务。教师在教授英语时，首先要从语音教学出发。但在高校英语教学中，许多教师忽视了语音教学的重要性，从而导致了学生发音不标准的问题，如在发爆破音时发成送气音，短元音发成长元音。教师如果在教学中不及时纠正学生的错误发音，在之后的学习过程中学生就不能将词汇和发音联系起来。

（2）缺乏对语音教学长期性的认识

在一些英语教师和学生看来，语音是英语教学中的基础知识，是英语学习初级阶段的学习内容，在大学阶段就不再需要学习语音知识了。这种观点是错误的，英语的语音教学应始终贯穿于英语教学的所有阶段。调查发现，高年级的学生反而不如低年级学生的英语交际能力好，年级越高，开口能力越差。这一现象主要是由英语教师对语音教学认识不足造成的。因为，英语的发音需要长时间不断练习才能够熟练。

2. 教师语音不标准

在教学活动中，教师是学生学习的对象，并且学生会模仿教师的发音。所以英语教师的发音准确性对学生的语音学习有直接影响。但是，由于各个高校的办学条件和教学环境有差异，部分英语教师也存在发音不够标准的问题，并且英语教师的发音也是不同的，有的教师发的是英式的，有的英语教师发的是美式的，甚至有的教师是将英式发音和美式发音混用的。这些也是导致学生无法学习到标准英语发音的直接原因。

3. 学生语音练习机会少

每个英语教学阶段的语音教学都是不同的，中学阶段的英语语音教学和大学阶段的英语语音教学的任务侧重点也有所不同。在中学阶段，教师会用几节课的时间集中向学生讲授语音知识和发音技巧。在大学阶段，非英语专业的英语教学不会单独开设语音课，教师只是在英语综合教学中融入语音教学。这就造成了教师的语音教学时间不足，而学生的语音练习时间更加短缺的现象。这是英语语音教学中的一个大问题，也是影响学生语音学习效果的一个重要原因。

（二）词汇教学现状

1. 教学方法单一

要想很好地熟练掌握一门语言，就要积累一定的词汇量。词汇教学在英语教学中所占比重是最大的，词汇教学是英语教学的一部分，是英语教学的常见教学内容。对于大部分学生来说，词汇教学是最让人头疼的一部分。很多学生能够快速记住单词，但也会快速将其忘记。大部分学生在学习英语词汇时，都会选择死记硬背的方式，但是这种方式过于单调和枯燥，学生时常会因为这些原因放弃积累词汇。

这个问题和教师讲授词汇的教学方法是有关系的。一般教师会使用教师领读—学生跟读—教师讲解词汇的方法。这种方法单调乏味，学生在这种教学模式中处于被动的接受地位，不能发挥自身的主动性，从而产生排斥词汇教学的情绪，词汇教学也难以取得良好效果。因此，教师要改变这种教学方式，选择高效的教学方法讲授词汇，发现学生的学习特征，这样才能充分调动学生学习的主动性，激发学生的学习兴趣。例如，教师在讲解词汇时可以在课堂上讲一些与词汇相关的故事来激发学生的想象力。

2. 忽视学生的主体地位

在任何学习活动中，学生都是居于主体地位的，学生的各项因素对学习效果都有直接的影响。现代教育理论认为，如果能在教学活动中突出学生的主体地位，教学活动将取得良好的效果。但在高校英语教学中，教师往往不注重突出学生的主体地位，在词汇教学中也毫不例外。教师在词汇教学中要注重全面培养学生的能力，如观察力、记忆力、想象力、思维能力及创造能力等。

3. 与实际生活联系不够

每个人都是独立的个体，人们无论是在日常生活中还是在学习生活中，都会更加关心与自己有关的或是熟悉的事物。在英语词汇教学中，教师应利用好这一特点，使词汇教学更加生活化，建立起词汇教学和学生的学习及生活之间的联系，以提高学生的学习兴趣。但是大多数教师都会忽视这一点，他们在讲授词汇时一般会采用传统的教学方法，这种教学方法并不能激发学生的学习兴趣，也无法使学生把学习到的词汇和自己的学习生活联系到一起。这样就会降低学生的学习兴趣，因此不能取得良好的教学效果。

4. 构词缺乏系统性

英语词汇虽然数量多，但是每个单词的构成都是有规律的。学生如果能够掌握构词的规律，也将有助于他们英语词汇的学习。因此，教师在教授词汇时应向学生讲授构词规律，系统地展开教学。系统性的词汇教学能够使学生将词汇联系起来，提高词汇教学的质量。但是目前我国高校英语教学中的词汇教学不具有系统性。

我国每个教学阶段的英语教材都存在一个共同特征，就是教学主题系统性不足，从小学到中学再到大学，每一册英语教材都包含多个主题，如历史文化、地方民俗、自然环境、社会发展、人物描写等。一本教材中如果主题过多，其包含的词汇系统性较差，不利于学生把握词汇之间的联系，从而不能找到词汇的规律，导致其在学习和记忆这些词汇的时候因没有规律可循而效率不高。

（三）语法教学现状

1. 教学方法单一

目前英语语法教学主要的教学方法是依靠教师的单一讲解，这种教学方法主要是教师让学生去记忆大量的词语、时态、句型等语法知识，深入来讲，这种方式对于学生学习英语语法是极为不利的。特别是当几个语法现象共同出现时，学生会不知所措。因此，教师应使用不同的教学方法讲授语法，加深学生对语法的理解。

2. 教材与大纲不协调

教学活动是在教材的基础上进行的。教材质量直接影响教学目标的实现和教学方法的选择。随着经济的发展，社会对人才的需求越来越大，对人才的要求也越来越高。高校英语教学使用的传统语法教材，已经不能满足日益增长的社会需求。

因此，高校英语教学要想适应时代的发展就要抛弃传统的语法教材，选用合适的教材并且要完善教学大纲，培养学生实际应用语法的能力。

3. 学生语法运用能力差

学生应用语法的能力差，具体体现为学生掌握了大量的语法知识，但是实际的交际技能比较差。长时间以来的传统英语教学注重讲授语法知识，在大学阶段的英语教学中，教师仍然使用传统的教学方法进行教学，这就导致了学生只是单纯地掌握了大量的语法知识，但是实际的交际技能比较差，在应用语法的过程中会出现很多错误。

学习者获得语法知识的过程通常是一个被动的学习过程。这主要是由于语法规则较多，理解困难，难以形成完整的系统。学生的语法学习主动性差，缺乏相应的科学的学习方法，也是当前语法教学中的一个重要问题。

二、英语技能教学现状

（一）听力教学现状

1. 教学模式程式化

听力教学的主要问题是教学模式程式化，这种教学模式表现为学生听完听力后，教师给出正确的答案。我们也可以将这种教学模式称为机械化教学模式，这种教学模式对学生学习听力的意义不大，并且教师也无法及时发现学生在听力中存在的问题，不能使学生形成对听力材料的整体理解。教师的教学和学生的学习都带有盲目性。

2. 听力练习时间不足

在英语考试中，听力部分会占用四分之一的时间，由此可以看出听力在英语教学中的重要性。英语听力教学需要教师花费大量时间来训练学生的听力能力，如果教师在课堂上没有花费大量时间去做听力练习，那么学生在课下也不会主动练习听力。

但由于教学课堂时间有限，教师并不能将大量的教学时间留给听力教学，这就导致学生练习听力的时间不足。

（二）口语教学现状

1. 教学方法滞后

在传统英语教学中，我国各大高校是非常注重英语语法教学和英语阅读教学的，反而忽视口语教学，所以即使进行了教育改革，英语口语的教学观念和教学方法也是相对落后的。

2. 课时不足

高校英语教学中的口语教学和听力教学存在一个相同的问题：课时不足。因为在大多数高校的英语教学中并没有单独开设口语教学这一课程，有的教师只在课堂上训练学生的口语，并且不会占用太多时间，这就无法保证口语教学的效果。学生口语能力的提高需要进行大量的实践，而口语教学时间不够充足对学生口语能力的提高产生了直接的影响。

3. 学生口语能力差

我国学生在学习英语口语时会受到汉语的影响而产生各种问题。例如，有的学生受汉语影响而发音不准确，影响实际交流；有的学生的英语口语发音带有地方口音，使受话者不明其意；有的学生的口语表达中语调和重音的使用不准确，从而使口语表达不够准确。此外，由于学生的口语练习不足，学生学习到的语法和词汇等知识难以运用到实际的口语表达中。我国的英语教学因为侧重应试教育而将语法教学和阅读教学作为教学重点，所以口语教学得不到应有的重视。这就使学生的口语练习不足、口语基础差，对口语产生畏惧心理。

（三）阅读教学现状

1. 教学观念有误

我国的英语教学一直将阅读教学作为教学重点，但高校的英语阅读教学中存在以下两个问题。

（1）将阅读教学混同于词汇教学、语法教学

教师在阅读教学中常常重点讲授个别词汇的用法或是语法知识，阅读教学的教学模式是讲解词汇、分析语句和给出标准答案。这种教学模式不注重培养学生对阅读材料的整体理解能力和在阅读过程中提炼信息的能力。形成这一问题的根本原因是教师不具备正确的阅读教学的教学观念，对于阅读教学的教学目标的认识比较模糊。

（2）将阅读速度等同于阅读能力

有些教师认为，阅读速度加快了就意味着阅读能力提高了，并据此来开展教学活动。事实上，这一观点是错误的。有些学生阅读得虽快，但理解不佳，有些学生阅读得很慢，理解也不好。因此，阅读速度和阅读能力没有必然关系。阅读速度应根据阅读目的来确定，并配合一定的阅读技巧来实现。例如，题目要求只掌握阅读材料的大意时，可以只是浏览通篇材料，不必逐字逐句地仔细阅读；题目要求掌握阅读材料中的具体细节时，可先浏览全文确定具体细节的位置，再仔细精读这部分。

2. 课程设置不合理

有些学校、教师错误地认为阅读教学是英语教学的附属品，因而对阅读课程的教学目标、教学计划不甚在意。阅读教学的课时、课程设计、师资力量及教学组织得不到保证，直接影响了阅读教学的效果。此外，阅读教学中的精读训练和泛读训练的分配不合理。一些高校的英语教学中安排的精读训练比较多，泛读训练则比较少。这种侧重于精读训练的阅读教学更加深了教师和学生认为阅读教学就是词汇教学和语法教学的错误认识。因此，学生的阅读能力得不到提高。

三、高校英语教学改革的发展方向

（一）明确教学目标

我国大部分高校英语教学的主要目的是培养学生的英语综合能力，激发学生的学习兴趣。教师可以采取多种方法去激发学生的学习动机，如观察法、调查法、谈话法等。教师可以通过这些方法，了解学生的特点和需求，分析学生

存在的问题，引导学生明确自己的学习目标，从而激发和加强学生的学习动机。如果学生的学习动机不明确，就会陷入被动的学习状态，在学习过程中就会缺乏主动性和热情。

教师在知识的传授过程中，要时刻帮助学生明确学习动机及学习目标。让学生了解，学习英语绝不仅是为了通过考试，也不仅是为了获得文凭、找好工作、得高收入，更重要的是把英语作为交流与沟通的工具、知识和文化的载体来真正掌握这门语言。掌握一门语言，就是打开了一个通向更广阔世界的窗口，视野会更加宽阔，知识会更加丰富，能力会更加强大。此外，教师帮助学生制订目标时，要注意符合学生及其他因素的实际，合情合理，不能过高或过于模糊。

（二）提出“以学生为中心”的教学理念

学生是知识获得过程的主动参与者。好的课堂教学模式不能是单纯的单方向的知识灌输。过去高校英语教学中将语言结构作为教学的重点，造成了“以教师为中心”的教学现象。学生在以知识传授为主的传统教学模式中，不能真正地参与进去，不能发挥自己的主动性，只能被动地接收，这使学生的创造力受到了抑制。更为严重的是，这种被动的学习模式使学生养成了依赖性，失去了对知识的探索能力，影响了综合能力的提升。然而，随着英语教学的不断发展，人们也开始意识到学生才是教学的主体，“以教师为中心”的教学是影响学生学习效果的根本原因。为了解决这个问题，语言教学者提出了“以学生为中心”的教学理念。

“以学生为中心”的教学理念是英语教学的首要原则。素质教育不仅强调要让每个学生全面发展、主动发展，更加强调的是让每一个学生实现个性化发展。关注学生个性的发展，是英语教学活动要承担的另一重任。因人施教、助长个性是素质教育的重要理念。如何关注人与人之间的个体差异，利用英语教学来促使学生个性化地发展，是素质教育背景下英语教学活动必须思考的问题之一。

（三）开展多媒体网络教学

随着科技的发展，网络教学在教育中有了一席之位，网络教学的学习方法和手段都发生了一定的变化。网络教学的出现使学习者的身份相较于传统教育也发生了一定的变化，这种变化不只是学习者身份的变化，也包含学习者观念的变化。

与传统教学相比，网络教学有以下几个优势。

第一，网络教学与传统课堂相比，学习资源更加多样化，也更加开放。

第二，网络教学的出现打破了传统教学在时间和空间上的限制，能够更好地满足学习者随时随地学习的个性化需求。

第三，在网络教学中，教学内容讲解得简而精，学生能够通过观看教学视频，自主掌握学习进度，对于已经掌握的知识点能够快速跳过，学习下个知识点，不需要长时间地等待。对于没有听懂的知识点，可以将视频下载下来反复观看，直到学懂为止。

（四）评价方法多元化

评价是英语教学的一个重要方面。在高校英语课程改革的实践中，由于教师课程评价知识的缺乏和对于试卷分析工作做得不够，课程评价存在的问题很多。促进学生认知和行为的改变是英语课程的主要目的，而科学的评价方法能够促进课程目标的实现。现阶段我国的英语课程评价体系仍处在传统的静态评价方面，这种评价体系一般只能够体现出学生已有的发展水平，但不能体现出学生学习的潜在发展水平。这种评价体系会制约对学生潜能的客观评价，不利于学生的健康发展。所以，引进科学合理的评价机制是英语课程改革的关键。

当今的课程评价的发展趋势是充分尊重个体的建构评价理念。建构评价理念注重“协商”式的“共同心理建构”，在此基础上寻求共识的达成。这种评价理念的本质是充分尊重个体的主体性，在根本上打破了课程评价体系中的客观性和科学性的局限，从而彻底转变了评价的理念。建构评价理念是时代精神的具体体现，其中心思想是主体性评价。在具体的实践中，主体性评价不会受到外部力量的控制和监督，其评价目标的实现主要是依靠个体对自我行为的“反省意识和能力”。主体性评价的评价过程是民主参与、民主协商和民主交流的过程，富有鲜明的时代精神。主体性评价是教育性评价的一种，其终极目标是促进个体的发展。

在我国英语教学的课程改革中应注重评价内容多元化的发展趋势，在评价过程中注重个体的差异性，科学合理地进行评价，而不是使用统一的标准评价全体被评价者。

第三章　英语笔译及其课程探索

笔译作为英语翻译的重要组成部分，是中外沟通交流中的重要方式和途径。笔译有着自身的特点和规律，并且和其他翻译形式存在着诸多不同。因而，对笔译进行研究和分析有着很重要的实践意义。

第一节　英语笔译简介

要想对笔译有系统、深入的认识，首先就要了解与笔译相关的基础知识。下面就主要对笔译的定义、笔译的标准、笔译与口译的区别、笔译的常见问题及处理对策这些内容进行简要分析。

一、笔译的定义

笔译具体指的是以忠实、准确、通顺这些原则为基础，将一种语言符号以书面的形式转换成另外一种语言信息符号的行为。从这一层意义上进行分析，笔译这种翻译实践活动不再单纯地指两种语言之间的语符转换，而且还涉及了两种语言文化背后的交流和沟通。

如果想要准确地将原文所表达的意思传递出来，相关的笔译工作人员不仅应熟悉所涉及的语言，同时还应了解两种文化。事实上，对两种语言的背景和文化的熟悉和掌握要远远比掌握这两种语言本身更具重要意义。这在很大程度上是因为语言中的不同语词通常都被其背后的文化赋予了特殊的意思和文化内涵。

与此同时，笔译还需要翻译人员具备较好的写作能力。只有掌握了扎实的专业知识、语言技能以及写作技巧和能力等，翻译工作者才能更准确、更贴切地表达原文的意思，最终才能够完美地胜任相关的笔译工作。

二、笔译的标准

翻译的标准其实就是指对所翻译作品的质量进行衡量的一种非常重要的尺

度。并且，翻译标准还是所有的翻译实践活动所务必应遵循的准绳。当然，翻译标准还是翻译工作人员应努力实现的目标。

从古至今,国内笔译界存在着很多著名的翻译标准,其中以严复提出的“信、达、雅”这一翻译标准最具典型性和代表性。

更进一步说，“信”具体指的是任何的笔译工作实践都应“忠实”于原文的内容这一层面。也就是说，笔译人员并不能完全根据其自身的喜好随意对原文进行篡改、删减、歪曲，而应能够将原作的思想内容准确、真实地传译出来。

“达”具体指的是所译译文应明白、通顺，这一原则要求笔译人员在实际的笔译实践中，应有效地兼顾源语、目的语这两大方面，依照原文意思进行翻译，不能逐词逐句死译，也不能生搬硬套。相应地，笔译人员应遵照目的语的文化习惯来翻译，如此一来，才能使译文的结构更加清晰、明朗，文理通顺且逻辑顺畅。

“雅”具体是指应在追求语言文字优美这一方面下功夫。在文学翻译中尤其是在文学作品的翻译中应尽可能地追求“雅”。如果基于语言层次这一方面进行分析，笔译实践活动其实就是围绕两种语言文字和材料进行有效的转换。通常，要想翻译出好的译作，往往需要以雅对雅，以尽可能实现所译语言材料文采斐然这一境界。

三、笔译与口译的区别

（一）概念界定之别

笔译和口译作为翻译的两种不同的存在形式，它们在概念界定方面就存在着明显的不同。一般情况下，我们所说的翻译其实指的就是“笔译”，并且翻译的定义通常能够对笔译的定义进行概括。国内翻译家方梦之认为，翻译就是按照社会认知所需，在具有不同符号规则的系统间进行的信息传递。我国著名的翻译理论家张今先生着眼于文化交际这一角度对翻译进行了详细的概述和分析。按照其观点，“翻译其实是指两个语言社会之间的交际过程和交际工具，它的目的是要促进本语言社会的政治、经济和文化进步，它的任务是要把原作中包含的现实世界的逻辑映像或艺术映像，完好无损地从一种语言移注到另一种语言中去”。

有关口译概念的解释，学者们观点不一、见仁见智。钟述孔认为，口译并非指单纯意义上的言语行为，具体是指一种涉及诸多知识层面的跨文化的交际行为。根据王斌华的观点，口译指的是一种兼具语言的听、说、读、写、译的即席性的、多任务的、语言操作性的活动，译员的作用就是使来自不同语言和文化的交际双方能做到准确、有效和流畅的沟通。

通过对笔译和口译的概念进行对比，我们不难发现，两者的区别非常明显。

（二）语言特点之别

笔译和口译在语言特点方面也存在着诸多区别，具体有以下几方面的体现。

对笔译译文进行分析，不难发现，笔译译文通常是以书面形式呈现出来的，因而，不仅语言的规范性更为明显，并且其用词也比较讲究，且在句子结构上也呈现出明显的多样化特点。同笔译相比，口译译文的口语化程度体现得更加明显。

从用词方面进行分析，口译往往使用的是一些单音节词、日常常用语或少音节词。例如，一些同义词诸如 commence / begin，fatigued / tired，口译员更加倾向使用后者。从句法方面来看，笔译有使用复杂句式的倾向，但是口译在句式使用方面大多使用一些结构上较为灵活、松散、简短的句子。从语义方面来看，笔译的语言更加清晰、规整，而口译的语言会时不时地出现一些模糊、冗余的现象，有些情况下甚至还会出现不断的自我重复，诸如 somewhat 之类的模糊表达等。

（三）译员素质要求之别

笔译和口译在对译员素质要求方面也存在着明显的不同。下面就分别对其予以分析。

1. 笔译对译员素质的要求

要想胜任笔译，通常要求笔译译员具备以下几大方面的基本素质和专业素质。其中基本素质大体包括以下方面。

第一，笔译译员应对英汉两种语言的异同有系统、深入的把握和认识，同时还应具备比较强的英汉两种语言的应用能力，这样才能在笔译实践中驾驭自如、得心应手。同时，笔译工作人员要想做好笔译工作，务必要夯实语言基本功。具备扎实的语言基本功不仅表现在具有稳固的源语语言功底上，同时还应对其自身的母语语言有比较高水平的理解和运用能力。做到这些并不容易，要求笔译人员在平时应注重对英语词汇和习惯表达法的积累。此外，笔译人员还应在日常注重扩大其自身的知识面，多阅读中英文原版著作，提升其对原文化的感知能力以及其自身的文化素养。否则的话，在笔译实践中如果对原文一知半解，就很难较好地理解原作的思想内容，或者不精通所译语言，就很难较好地传达原文的内涵，更无从谈及对作者的神韵色彩、语言风格以及思想脉络的有效把握。很多误译、错译大多都是这些现象导致的。

第二，笔译工作是一项崇高的职业，因而，作为笔译主体的译者应具有强烈的责任意识。通常，这种强烈的责任意识主要体现在“忠实”和“尽责”两方面。其中，“忠实”指的是不能对讲话人的原意随便进行增删、篡改，借此来确保交际双方语言的准确传递；“尽责”指的是翻译人员应树立良好的职业道德观念，应严格地做好相关的保密工作，不能出于贪图私利这一目的而向其他人员外泄资料和信息。与此同时，译员应务必对自己的笔译工作担负起相应的责任，对每一次的翻译任务，都要用认真、谨慎的态度来对待。此外，在实际的笔译实践中，绝对不能以草率、浮躁的心态来进行翻译，更不能瞎编乱造，胡乱翻译。

第三，笔译人员还应保持谦虚谨慎的态度，并具有团结协作的精神和品质。只有谦虚谨慎，才能不断严格要求自己，实现持续进步和自我成长。同时，很多笔译实践不仅工作时间比较长，工作压力通常也比较大，单纯地依靠译员自身很难完成工作，因而往往需要多名笔译人员进行高效的协作。相应地，这就要求笔译译员应具备较好的团队协作精神，应能与同事并肩作战，来共同完成实际的翻译任务。

第四，一名合格的笔译译员还应以一种一丝不苟、严肃认真的职业心态来对待其工作，笔译人员的工作态度通常对笔译实践本身以及笔译效果有着十分重要的影响。笔译工作者如果能够以细腻、认真的工作态度来对待工作，通常能够有效地规避很多重大的翻译失误。反之，如果笔译人员以不端正、不负责的心态对待工作，就极易出现乱译、误译等不良现象。可见，严谨的翻译作风以及善于学习的心态都是笔译人员最基本的素质要求。

除了具备上述这些基本素质之外，笔译人员还应具备以下几方面的专业素质。

第一，笔译人员首先就要具备完备的知识结构体系，应对所翻译的资料涉及的专业知识有透彻的认识和把握。这就要求笔译人员在平时注重积累经济、军事、政治、外交、历史、地理、风土人情、民族心理、自然风貌、文学艺术、文化传统、宗教信仰等方面的文化背景知识，同时还要掌握两种语言所反映的中外文化差异。同时，笔译工作者还应掌握笔译工作中可能会涉及的相关领域的专业知识。

第二，笔译人员的专业素质还包括掌握相关的翻译理论知识，如对翻译性质、翻译标准、翻译过程、翻译技巧等的掌握，这些都有利于给笔译工作提供理论层面的指导。这些理论知识大多是经实践检验过的行之有效的翻译方法。

第三，笔译人员还应学会善于借助现代信息技术来辅助翻译，这也是当下信息技术环境对笔译人员所提出的客观要求。以网络技术、电脑和多媒体技术为主要内容的现代信息技术的出现和发展，为翻译方式的变化和革新奠定了坚实的物质基础。在具体的笔译实践中，翻译工作者应与时俱进勇于学习和接受现代科学技术知识，并习得相关设备的使用能力。其实这一素质也可被称作“科技素质”，具体就是指运用科学知识，将科学思维、科学方法、科研能力整合并有机融入翻译实践中的能力和素养。也只有这样，翻译人员才能更好地迎合“信息爆炸”时代的翻译工作的需要。例如，在笔译实践中，可将计算机辅助翻译和人工翻译有机结合，以此来提高翻译效率。或者可以借助 Word 或 Excel 等比较常规的编辑软件来辅助字数统计、翻译成稿、字体选择以及编排打印等工作，甚至可以借助网络环境下的海量的数据库，对翻译项目进行分析、术语管理、质量管理、翻译流程管理以及翻译质量管理等。这些对译者本身工作效率的提高和能力发展大有裨益。此外，译者在翻译的过程中，针对一些英语表达不太确定的情况，还可以借助多种网站如百度、谷歌等进行搜索，以快速高效地找到权威例句作为参考。

2. 口译对译员的素质要求

由于口译还具有即时性等特点，这就使得口译人员不仅应具备上述笔译人员的相关素质，还应具备一些其他的特殊素质。

（1）清晰流畅的表达能力

理解与表达之间是相辅相成的关系，口译人员既要正确理解所听到的话语，还要在理解的同时迅速组织语言，流畅连贯地用另一种语言表达出来。因此，口译人员不仅应能听懂英语内容，还应知道如何用汉语组句和表达。

（2）良好的心理素质

口译作为一种高强度的脑力劳动，对译员的心理素质有着很强的考验。口译员面对着众多的受众，并且口译的场合通常庄重严肃，这些都会无形中使译员肩负着巨大的心理压力，因而，口译人员必须具备良好的心理素质，遇到紧急情况不慌张，迅速分析，快速解决问题，同时还要能承受较大的压力，不能因为情绪上的压力而影响口译的质量。因此，口译人员要有意识地锻炼自己临场应变的能力，提高抗压能力，使自己具备良好的心理素质。在进行口译工作前，译员要做好应对各种情况的准备，积极与有关发言人和组织人做好沟通，了解有关口译内容的背景知识，查找相关资料，记忆专业术语，做好万全准备。

（3）快速的反应能力

快速的反应能力是口译员的必备素质。这是因为，口译的速度比笔译的速度快得多，译员在口译的过程中注意力必须高度集中，时刻保持清醒的头脑和快速的思维，在口译中随时巧妙地运用翻译技巧，有效化解双方的矛盾，推动双方谈判进程。

（4）出众的记忆力

口译工作的特殊性还要求其工作人员必须具备超乎常人的记忆力。译员的口译过程完全凭借的是头脑中关于翻译内容的记忆，是不可能在翻译的过程中查阅字典或相关辅助资料的。译员可以在口译过程中适当做一些重点内容的笔记，以此来辅助自己的语言表达。

（5）较强的理解和推理能力

译员良好的临场应变能力以及口译技巧使用的前提都是其本身要具有较强的语言理解和推理能力。首先，译员要不断提高自身的语言适应能力，可以听懂讲话人某些带有口音或很难理解的讲话，这对译员的语言功底和实战经验提出了更高的要求。其次，译员还要不断提高自身的逻辑推理能力，能够将讲话者某些听起来缺乏逻辑性，甚至语无伦次的话，在头脑中经过快速的分析、整理、概括、总结，流利地用另外一种语言表达出来。

（四）发展前景之别

笔译有着悠久的历史，在发展中也呈现出繁荣的态势。从玄奘西行翻译经书，到当前文学翻译所呈现出的百花齐放的繁荣局面，甚至一些新兴的影视字幕的翻译都给人们了解国外的文化提供了极大的便利。当下翻译理论的研究呈现出百家争鸣的局面，笔译的生产实践也渗透在生产、生活以及教育科研等诸多层面。在信息网络化高度发达的今天，笔译还呈现出一些崭新的发展趋势，诸如计算机辅助翻译技术。这一技术主要是依托网络搜集海量的信息来提高翻译的精确度，特别是模糊翻译的速度非常快，并且还能对句式结构进行智能分析，这样就极大地节省了人力，同时也提高了翻译的效率。但是，尽管这一技术展现出了极大的优势，但译员的人工翻译依然是无法被替代的。

就当前来看，国内的口译理论依然处于不成熟的阶段。但是，口译活动的出现却远远地优先于笔译，并成为不同民族之间交流的主要形式。在新时期，我国的文化和世界各国民族的文化在进行着广泛的交流，并呈现出共同繁荣的局面，涉外领域的口译人员也是中外交往中一股不可或缺的中坚力量，并且肩负着厚重的历史责任。当前对口译人才的需求量也日益增大。伴随着时代的发展，口译形式也有了一些新的变化，诸如手语翻译、电话口译以及远程视频口译等。

（五）具体流程之别

笔译和口译在流程方面也存在着诸多差异。关于笔译的流程，不同的学者有不同的见解。王恩科、李昕、奉霞等人从符号学的观点出发，对笔译的流程进行了描述，如图 3-1 所示。

图 3-1　符号学角度的笔译流程描述图

然而，这一流程描述中并未对“黑箱”阶段有具体确切的解释，因此具有较大的局限性。

另外，从创作过程的角度入手，黄成洲、刘丽芸提出了如图 3-2 所示的翻译过程模式。

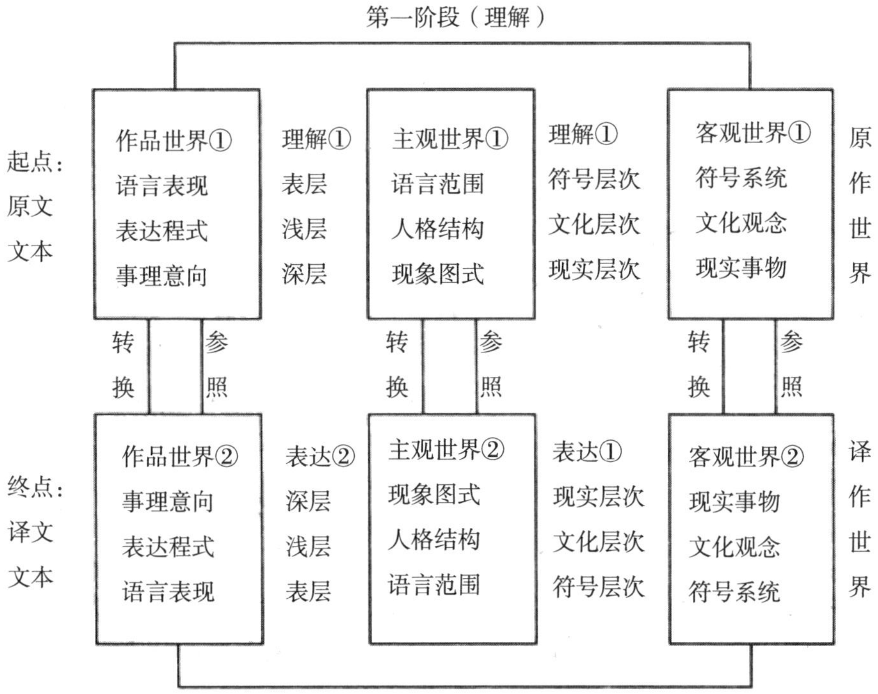

图 3-2　翻译过程模式示意图

张捷、宋立明认为，笔译的流程具体如图 3-3 所示。

阅读 ⟶ 思考分析 ⟶ 转换重组 ⟶ 书写表达

图 3-3　笔译流程图

根据张捷、宋立明的观点，口译的流程具体如图 3-4 所示。

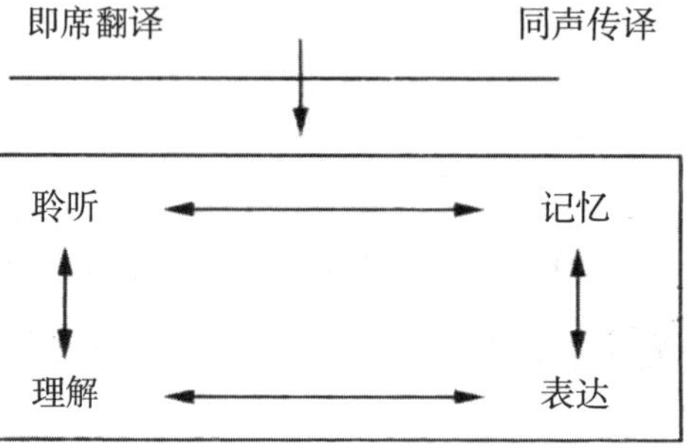

图 3-4　口译的流程图

通过观察并对比笔译和口译的流程，不难发现，笔译的几大步骤可以独立进行，但是，口译中分析、理解、转换、表述这几大步骤几乎是同时进行的。

（六）处理方式之别

笔译所处理的是书面语言，通常需要译者对文本进行阅读然后获取相应的信息。在具体的翻译过程中，笔译人员不能直接地与原作者进行面对面的接触和交流，因而只能依靠阅读文字来对原作者的意图进行揣摩。并且笔译人员并不像口译人员那样，基本上知道受众的信息，他们只能透过原文本推断受众的相关信息，然后再确定选择何种翻译风格以及翻译手段。与口译的现场性相比，笔译的过程不受时间和空间的限制，译者可查阅的资料以及可使用的辅助工作有多种选择。在翻译初稿完成后，还要进一步地修改和润色。

口译中译者所面对的是稍纵即逝的信息，因此译者不仅要具备良好的听力理解判断能力，能够将讲话人的语气、表情、肢体动作等信息综合起来准确把握讲话人的意图，还要运用多种翻译技巧，灵活处理各种词句，做到“出口成章”。这就要求译者应加强日常的积累，做好译前的准备，以确保完美地临场发挥。

总体来说，笔译和口译这两种翻译形式不仅存在着联系，而且区别也非常明显。

四、笔译的常见问题

（一）翻译策略过于单一

在翻译过程中，恰当地运用翻译策略通常能够有效地帮助译者完成相应的翻译任务，然而，在具体进行翻译时，依然存在着一些译者在运用翻译策略时过分地集中在一种翻译策略上，进而导致翻译结果出现偏差。在具体的笔译实践中，多数情况下需要对语句进行直接翻译。在不打乱原句基本结构的前提下将语句尽量用简洁的语言表述出来，然而，并不是所有的语句都适合使用直译策略进行翻译。很多笔译人员经常采取直译策略，进而导致所译的文章很难让人们理解。除此之外，不同的语言中所体现的文化背景也往往有所不同。针对这些情况也需要笔译人员能够灵活运用不同的翻译策略进行翻译，并且还需要充分结合语言的文化背景进行综合性的考量。总体来看，翻译策略过于单一和翻译者不能结合文化背景进行考虑是当前很多笔译工作者经常遇到的问题。

（二）忽略对目标文化的理解和认知

通常情况下，译入语读者即翻译作品所面对的目标对象在对作品进行理解时大多是以他们业已存在的认知和理解为基础的，如果超越了这一认知范围，就可能会产生错误联想。因而，在进行笔译时，就应对读者的认知水平和理解能力给予充分考虑。

（三）过分注重字面意义

过分注重字面意义也是笔译翻译中普遍存在的问题。如果译者过分关注字面意义，仅仅注重字面意义的转换，就很容易忽略对源语文本中文化信息的传递。例如：

例 1：Five stresses，four beauties and three loves.

原译：五点强调，四大美人和三种爱。

改译：五讲四美三热爱。

在对本例进行翻译时，原译就是对原文的字面含义进行的简单翻译，但是和原文实际要表达的内涵有很大的出入。改译很好地结合了目的语中的文化，因此这一翻译版本更贴切。

（四）翻译腔现象

翻译腔又名“翻译症”，这一翻译问题在笔译中也非常普遍。其以文笔拙劣为显著特征，所翻译的内容晦涩、难懂、生硬，甚至不知所云。事实上对翻译腔现象进行分析，不难发现，造成这种现象最关键的原因就是译者对英汉民族的语言把握不准以及忽视了思维文化的差异。为了更深入、明确地认识翻译腔现象，下面结合翻译腔在语法层面和文化层面的表现进行具体分析。

1. 翻译腔在语法层面的具体表现

英语语言倾向于使用显性连接，并经常使用多种多样的衔接手段，汉语语言注重时间和逻辑顺序，并善于借助隐性连贯和上下文。因而在具体的翻译实践中，如果对英语中的介词、连词等衔接词进行翻译时，不能做到灵活的翻译，而是进行机械的直译，就很容易使译文显得死板、不自然。例如：

例 2：There are many wonderful stories to tell about the places I visited and the people I met.

译文 1：关于我所访问的地方和遇见的一些人有许多奇妙的故事可以讲。

译文 2：我访问了一些地方，也遇见了一些人。要谈起来，奇妙的事可多着哩。

通过对这两种翻译方法进行对比，不难看出，第一种翻译方法中将“there are”和“about”分别译成了“有”和“关于”，但是整个译文读起来感觉很生硬，并且句子很长，如果拆成短句效果会更好。再如：

例 3：The sun，which had hidden all day，now came out in all its splendor.

译文：太阳在云里躲了一整天，现在出来了，光芒四射。

在对本例进行翻译时，如果按照字面意思进行直接翻译，就会很容易出现汉语表述结构不合理的现象。译文在表述过程中增强了艺术化的表达，将其译为“太阳在云里躲了一整天，现在出来了，光芒四射”。这样的翻译更加贴切自然。

2. 翻译腔在文化层面的具体表现

英汉翻译必然会涉及文化，如果汉语文化下的读者能够接受英语文化，能够像英语文化下的读者那样去理解原文，此时就可以对文化部分进行直译。但是，在具体的翻译实践中，往往会存在汉语文化和英语文化不同的情况，此时译者就要利用文化意象的对等进行翻译，避免出现翻译腔。例如，在将 drink like a fish 译成汉语时，不能将其译成“鱼饮”而应译成“牛饮”。再如，将“You chicken！”译成汉语时，不能将其译成“你这只小鸡”而应译成“你这胆小鬼”。

五、笔译问题的处理对策

（一）强化翻译基本能力的训练

翻译基本能力是译员进行翻译工作的基础。笔译人员有着较强的翻译基本能力，不仅能够及时、恰当、有效地处理并解决翻译中所遇到的问题，还能较好地优化翻译文本的质量。因而，强化对翻译人员基本能力的训练便至关重要。

（二）运用模糊译法

模糊译法是调和英、汉两种不同语言间矛盾的有效方法。英语和汉语在词语搭配、语法结构等多方面存在差异，因此，笔译人员在翻译时往往会受到汉语文化负迁移的影响。高水平的笔译人员通常会在对两种语言的结构进行清晰把握之后，对语言间的结构差异进行区分，然后进行相互转化。因而，在进行笔译时，对于一些把握不准的情况，应选择模糊翻译法进行翻译，这在某种程度上也可以将翻译工作简单化。

第二节　英语笔译的基本方法

翻译是把一种语言所表达的思维内容用另一种语言表达出来的语言活动。在笔译过程中，译者对原文的理解和表达，具体表现为对原作的语言形式进行一系列的转换。因此，笔译的方法指的就是进行语言形式转换的原则和技巧。

一、直译和意译

在笔译方法上，向来有直译与意译之争，学者们对两者的理解也各有千秋。所谓“直译”，是指依原文的字面笔译，有一字一句就译一字一句，而且字句的次序也不改变。所谓“意译”，是指把原文的意思用通顺的译文形式表达出来，把忠实于原文意义放在第一位，而不受原文形式的约束。冯庆华编著的《实用翻译教程（英汉互译）》指出：“所谓直译，就是既保持原文内容又保持原文形式的翻译方法或翻译文字。译文的语言与原文的语言常常用相同的表达形式来体现同样的内容，并能产生相同的效果。在这种情况下，我们就采用直译。所谓意译，就是只保持原文内容、不保持原文形式的翻译方法或翻译文字。译文的语言与原文的语言在许多情况下并不用同样的形式来体现相同的内容，更谈不上产生同样的效果。在这种情况下，一般采用意译为好。”

直译和意译并不是两个相互排斥的笔译方法，两者之间存在着互补关系。主张直译的人所反对的，其实并不是意译，而是胡译或曲译。所谓“胡译”或“曲译”，就是指在没有理解原文的情况下，为了使译文语言通顺流畅，就背离了原文内容，随心所欲地对上下文进行诠释，增添或删减原文内容，使译文不忠实于原文。同样，主张意译的人所反对的也不是直译，而是死译或呆译。“直译”和“意译”是两个相对的概念：没有绝对的直译，也没有绝对的意译。因此，对于译者而言，关键是要在不陷入胡译、曲译、死译、呆译圈套的前提下，能够在不同的情况下选择不同的方法，很多时候还需要恰如其分地将两种方法有机结合起来，直译与意译的相互结合及交替使用才是笔译的正确道路。通过对直译和意译两者关系的正确研究，我们可以更多地认识和了解到什么时候采用直译、什么时候采用意译以及在运用直译和意译的同时应该掌握的技巧、遵循的原则和注意的事项，最终达到提高笔译能力及水平的目的。

（一）坚持直译第一原则

在笔译过程中，究竟采用直译还是意译？大多数人倾向于能直译就尽量直译。为了贴切地表达某种思想，作者常常采用某种修辞手法，使语言形象生动、逼真传神、趣味盎然并富有感染力。直译保留了原作手法，因而能达到与原文相似的效果；而意译只把大意表达出来，丢弃了原文中惟妙惟肖、呼之欲出的修辞手法，效果不免逊色。例如，有人将 an eye for an eye and a tooth for a tooth 译为“以眼还眼，以牙还牙”（直译）；也有人将其译为“以其人之道还治其人之身”（意译）。两种译法都准确地传达了原文的含义，但是直译的译文从内容和形式上都与原文相呼应，相对于意译的译文显然技高一筹。又如“以卵击石”，其意思是拿鸡蛋去碰石头，比喻自不量力。在英译时，究竟是套用含有类似寓意的英语习语 to kick against the pricks，还是直译成 to throw an egg against a rock（or stones），或者意译为 to court defeat by fighting against overwhelming odds？众所周知，无论在中国还是在西方，“用鸡蛋去碰石头”只有落得粉身碎骨的下场。因此用直译法翻译“以卵击石”不会造成误解，反而会给译文读者带来新鲜感，增加文字的表现力，同时也保留了原文的比喻形象，取得了译文与原文在内容和形式上的统一。例如：

例 1：Japanese invaders were armed to teeth during the Second World War, but in a few years, they were completely defeated by the Chinese people.

直译：日本侵略者在第二次世界大战时是武装到牙齿的，可是几年之后，就被中国人民彻底击败了。

意译：日本侵略者在第二次世界大战时是全副武装的，可是几年之后，就被中国人民彻底击败了。

此直译译文乍一看，似乎有些不符合汉语的表达习惯，但是当我们联想到“武装到极限的人”这一表达方式时，心中的疑惑就释然了。虽然两个句子的意思完全一致，但直译不仅明显忠实于原文形式而且保留了原文的比喻手段，而意译在效果上则显得平淡无奇。

例 2：中国人有句老话：“不入虎穴，焉得虎子。”这句话对于人们的实践是真理，对于认识论也是真理。

直译：There is an old Chinese saying，“How can one catch tiger cubs without entering the tigers lair ？”This saying holds true for one’s practice and also holds true for the theory of knowledge.

意 译：There is an old Chinese saying，“Nothing venture，nothing gain.” This saying holds true for one’s practice and also holds true for the theory of knowledge.

“不入虎穴，焉得虎子”非常形象生动，无论是汉语，还是直译成的英语，读者都很容易理解。如果采用意译，译文不仅不形象生动，也有悖于原文的风格，降低了其可读性。

除上述实例之外，英语中某些习惯表达常用直译法突出原文特色。例如：

a dark horse 黑马

a stick-and-carrot policy 大棒加胡萝卜政策

black market 黑市

dollar diplomacy 金钱外交

The frog in the well knows nothing of the great ocean.

井底之蛙，不知海大。

He laughs best who laughs last.

谁笑到最后谁笑得最好。

All roads lead to Rome.

条条大路通罗马。

支柱产业 pillar industry

米袋子、菜篮子工程 the project of rice bags and vegetable baskets

滴水穿石 Constant dropping of water wears away stones.

牢不可破 to be so strongly-built as to be indestructible

史无前例 without precedent in history

黄鼠狼给鸡拜年，没安好心。

The weasel goes to pay his respects to the hen — without good intentions.

一条绳拴着两蚂蚱，谁也跑不了。

We’re like two grasshoppers tied to one cord — neither can get away.

需要强调的是，直译不等于死译。死译，也称为“逐词翻译”（word-for-word translation），即按照原文逐字逐句地直译。死译过度拘泥于原文，一味追求形式对等，置翻译效果于不顾，因而译文常常晦涩难懂、词不达意，让人不知所云。与死译不同的是，直译对译文做了适当的调整，符合语言规范，文字流畅易懂，在忠实于原文的同时把原文的信息准确、贴切地传达给了译文读者。例如：

例 3：It was an old and ragged moon.

直译：这是一弯下弦残月。

死译：这是一个又老又破的月亮。

把“old and ragged”译为“又老又破”，显然是死译。死译的译文严重歪曲了原文所要表达的意思，使读者感到费解，不知何为“又老又破的月亮”；而直译则充分表达了原文的内容，符合读者对“月亮”的理解，同时符合“下弦月”之说。

例 4：在我生活的那个寂静无声、黑暗的世界里，没有强烈的感情，也没有温柔。

直译：In the still dark world in which I lived there was no strong sentiment or tenderness.

死译：In I lived that quiet soundless and dark world there was no strong feelings or tenderness.

这种死译的译文过度追求字字对应，无论从句法还是从词法的角度上来分析，都会使译文读者十分费解，不符合英语表达习惯。

（二）不能直译则采取意译

以上介绍了直译法，但直译并不是万能的，不能直译时就要采取意译。例如，有些习语若采用直译就不能达意。由于东西方文化存在着差异，各民族的语言大相径庭，直译有时晦涩难懂，有时文不达意，有时会引起歧义，无法传达原文的意思，此时必须采用意译。译者如果一味地追求原文的形式，就会使译文变得不伦不类、含混不清。译者只有大胆摒弃原文的形式，才能使译文既文理通顺，又能传递出原文蕴涵的意义。例如，中国的谚语“三个臭皮匠，顶个诸葛亮”可译为“Three cobblers with their wits combined equal Zhuge Liang.”，然而此译文中国人看得懂，外国人却看不懂，因为他们根本不知道诸葛亮是谁。如果想让外国人也能读懂这则译文就必须简单地介绍一下《三国演义》，待其了解之后才能完全理解这则谚语的含义，所以该谚语可以改译为“The wisdoms of the masses exceed that of the wisest individual.”。再如，如果将“十之八九”直译为 in eight or nine cases out of ten，译文便失去了原文简洁的风格，而意译为 most likely，又失去了原文的比喻色彩。如果借用英语习语 ten to one，则既保留了原文的风格和喻体，又能使英语读者欣然接受，达到了译文与原文意义相符、功能相似的笔译要求。

此外，笔译过程中切忌草率，不要被“假朋友”钻了空子。例如，英语中的 to eat one’s words 表面上很像“自食其言”，而实则意为“收回前言”；personal remark 不是“个人评论”，而是“人身攻击的言辞”。类似的现象还不少，译者一定要审慎地思考，以免误译。

例 5：It is essential to combine book-learning with practice and think independently. An uncritical acceptance of what one reads will not yield desirable results.

直译：学习一定要结合实际，独立思考，不加批判地接受某人所读之书是绝对收不到效果的。

意译：学习一定要结合实际，独立思考，囫囵吞枣是绝对收不到效果的。

此句采用意译完全可以传达原文的内容而直译则使译文变得冗繁。同时，四字格的使用为译文增添了光彩，使其更加形象生动。

例 6：你真是不到黄河不死心。

直译：You really do refuse to give in until you reach the Yellow River.

意译：You really don’t stop until achieve your goal.

这是一句具有中国文化特色的谚语，如果把“不到黄河”进行直译，则属于典型的望文生义，外国读者会因为不了解中国的文化背景而百思不得其解，故译者在笔译过程中一定要避免这一误区。处理此句时应采用意译，把原文的含义淋漓尽致地表现出来。

除上述实例之外，英语中某些习语也通常采用意译法。例如：

Diamond cuts diamond.

棋逢对手。

One boy is a boy，two boys half a boy，three boys no boy.

一个和尚挑水吃，两个和尚抬水吃，三个和尚没水吃。

to help a lame dog over a stile 雪中送炭

to paint the lily 画蛇添足

to reap what one has sown 自食其果

to wake a sleeping dog 打草惊蛇

说曹操曹操就到。

Talk of the devil and he will appear.

小事聪明，大事糊涂 penny wise，pound foolish

五湖四海 all corners of the land

风凉话 irresponsible and sarcastic remarks

寻短见 to commit suicide；to take one’s own life

三句话不离本行 to talk shop all the time

另外，意译不等于胡译或曲译，不等于凭借主观臆想、为所欲为地偏离原文，而是采用不同于原文的形式，表达出与原文相同的内容。

例 7：He is lying on his back，fixing his eyes on the shining stars in the sky.

意译：他仰卧着，睁着一双大眼睛凝视着空中闪烁的群星。

胡译：他坦腹高卧，遥望星空，神游天际。

意译虽与原文形式不直接相对应，但译出了原文的内在意思，忠实于原文的内容；而胡译则夸大了原文的内容，译者擅自增添了“高卧、遥望、神游”等主观意念，违背了原文的意思。

例 8：我不会拖你的后腿。

意译：I will not be in your way.

胡译：I will not pull your leg.

“pull one’s leg”表示“开某人的玩笑、捉弄某人”，根本没有“拖某人后腿”之意；而“be in sb.’s way”才有此意，与原文相对应，属于意译。

直译和意译是笔译活动中两种基本的翻译方法，两者是相辅相成、不可分割的。任何一篇好的笔译作品，都不是单纯地采用某一种笔译方法贯穿始终，而是在保持译文与原文内容相一致、不引起歧义的情况下，将直译和意译这两种笔译方法在同一笔译作品中并用，相得益彰。

例 9：Among so many well-dressed and cultured people，the country girl felt like a fish out of water.

直译：同这么多穿着体面、举止文雅的人在一起，这位乡下姑娘感到自己就像是离水之鱼。

意译：同这么多穿着体面而又有教养的人在一起，这位乡下姑娘感到很不自在。

直译 + 意译：这位乡下姑娘待在这一大帮穿着体面、举止文雅的人中间就像鱼儿离开了水，心里感到很不自在。

直译译文需要读者自己去体会鱼离水之后的滋味；意译译文则缺少了原文的韵味，不如直译生动形象；第三种译文既明确地向读者传达了姑娘当时的心情，又展现出原文的语言特色，两者兼顾，使译文多姿多彩。

例 10：在危急关头，他们孤注一掷，为最后的胜利奠定了基础。

直译 + 意译：In the emergency，they bet their bottom dollar，thus laying the foundation for the ultimate victory.

该译文中，“孤注一掷”采用意译，其他部分采用直译，两者的完美结合使译文既忠实于原文又不失色彩。

直译和意译是笔译实践中极为重要的笔译方法，也是各种笔译方法研究的出发点。一个篇章、一部作品的笔译一般都要涉及这两种译法。能直译尽量直译，但有时鉴于英汉两种语言的差异，采用直译时，译语要做适当的调整，如果逐字翻译，势必会出现“英语式的汉语或汉语式的英语”。若直译仍不能达意，此时则需要意译，在忠实于原文的前提下，摆脱原文语言结构的束缚，使译语符合规范。特别要注意的是，直译要杜绝生搬硬套式的笔译，同时意译也不等于任意放纵、不守规则的笔译。因此，在笔译过程中要恰如其分地把握好两者的尺度，必要时将两者有机结合，只有这样才能译出优秀的作品来。

二、异化和归化

一提起笔译方法，人们就会自然而然地想到直译和意译。确实，直译和意译是两种最基本的也是最早为人们所熟悉的笔译方法。然而 20 世纪 70 年代以来，随着西方笔译研究的“文化转向”，中国翻译界关于翻译方法问题的讨论也由直译与意译转向了异化与归化。因此，我们也可以说直译和意译是异化和归化讨论的源头。

“异化”与“归化”这两个概念的提出，最早可以追溯到德国翻译理论家施莱尔马赫。1813 年，他在一本著作中提出，翻译可有两种不同途径，一是引导读者靠近作者，二是引导作者靠近读者，但他并未授以具体名称。后来美国解构主义代表人物劳伦斯 · 文努蒂在《译者的隐身——一部翻译史》中做了系统的阐述，定义这两种方法为异化和归化。孙会军在《归化与异化——两个动态的概念》中指出，直译与异化、意译与归化之间有着历史传承的关系，但也有本质的区别。直译与意译是以原文的语言特征为参照物的，是客观的、固有的、静态的概念，是不以历史的发展而转移，也不因审视者的不同而变化的；而异化与归化是在文化大背景下透视笔译问题，是以译者向原作者靠拢还是向译文读者靠拢来划定的。确切地说，异化要求译者向原文作者靠拢，采取相应于作者使用的源语表达方式，来传达原文的内容，其相应的笔译策略为异化的笔译策略；相反，归化则要求译者向译入语读者靠拢，采取译入语读者习惯的译语表达方式，来传达原文的内容，其相应的笔译策略为归化的笔译策略。

简言之，异化是“以原文作者为中心”的，而归化是“以目的语读者为中心”的。两者的根本区别在于文化取向的不同。例如，对于 to kill two birds with one stone 来说，“一石二鸟”是异化译法，“一箭双雕、一举两得”则是归化译法。又如，对于“山雨欲来风满楼”来说，“The wind sweeping through the tower heralds a rising storm in the mountains.”是异化译法，而“A turbulent situation foretells a big event.”或“Coming events cast their shadows before.”则是归化译法。

（一）异化

在 20 世纪二三十年代，我国翻译活动正处于鼎盛时期，翻译实践活动的兴盛自然就促成了翻译理论的发展与创新。正是在这样的文化、社会环境之中，身为翻译家的鲁迅以睿智的眼光、独特的视角挖掘出传统翻译理论的新异之处，提出“异化”才是译者应该选择的合理手段。力求最大限度地保留“原汁原味”，向中国读者输入异质语言文化之美，从而提升汉语的吸纳力，是“异化”翻译法的最终选择和目的。译者需要保存原作整体的“异”，做到神形兼备、言意并重，不能随意更改原文之“异”。换言之，就是要保存“原作的风姿”，译文须有“异国情调”。译作之所以有别于创作，不仅在内容上与本国文化有很大的“异”，而且在语言表达上与译语也存在着明显的差异，因此译者应设法让读者在阅读鉴赏时想到这些作品是舶来品，正宗的“外国货”。也就是说，翻译作品读起来必须像翻译作品，必须具有“异国情调”或浓郁的“洋味”。当然，鲁迅主张译作要保存“洋气”，绝不是主张另类翻译，而正是为了更好地、更忠实地再现原文本“洋”之内容与神韵，更好地传达原文本的异国情调，因为“洋味”意味着“新”，“洋味”意味着“异”，“洋味”更意味着“原汁原味”。若一味地强调“归化”，或者执意追求“本土化”，往往会使译文与原作“貌合神离”。一味地重“归化”易把外国的哥特式建筑改成中国的园林式建筑，把高鼻深目的外国女士改头换面为眸含秋水、娇小玲珑的东方佳丽。外国语言同外国人一样，读者只要认真审视，就一定能体会出其中的“异”之美。如果把外来作品统统归化为自己的东西，没有什么新和异，那么读者也容易产生审美疲劳。译者在两种语言转换求“同”的过程中，多保留一些“异”，未尝不是一件好事。因此，改革开放以来，异化译法在我国翻译界越来越受到重视，越来越多的译者将其视为主要的笔译方法。

此外，词汇是语言的基石，最能反映一个民族的文化色彩。每一种语言在词语上的差异都能反映出使用这种语言的民族的社会习俗、风土人情以及精神风貌。译者只有遵循作者的思维模式和表达方式，采用谨慎的异化译法，才能充分反映源语文化的特征，充分表达原文的真实意义；而归化译法有时会使语句产生歧义，给读者带来理解上的错觉，从而失去了原文所固有的文化特征。

例 11：Unless you've an ace up your sleeve，we are dished.

译文：除非你有锦囊妙计，否则我们是输定了。

乍一看，这个译文文从字顺，特别是“锦囊妙计”尤显通顺。但从异化的角度来分析，这种译法存在一个不容忽视的问题。英语中“an ace up one's sleeve”是西方玩赌牌时藏在袖中的“王牌”，而“锦囊妙计”则是中国古代宫廷争斗或疆场征战时封在“锦囊”中的神妙计策，两者有着截然不同的文化内涵，不能把两者等同起来，否则势必会造成译入语读者的错误理解。因此，该句采用异化译法较为稳妥：“除非你袖中藏有王牌，否则我们是输定了。”

例 12：老尼道：“阿弥陀佛！”（曹雪芹《红楼梦》）

对于此句，大卫·霍克斯的译文是“‘Bless his Holy Name！’the prioress began piously.”（prioress 是“女修道院院长”的意思；“Bless his Holy Name！”是对上帝耶和华的颂语）。尽管对外国读者来说，这个译文更易接受但原文的佛教色彩却变成了基督教色彩，这种译文从古代中国的老尼嘴里说出，实在有些不伦不类，不如异化为“‘Blessed be，glory to Buddha’，began the old nun.”。

异化译法主张接受英语文本的语言及文化差异，把读者带入一种异国的情景，丰富本国语言。比如，如果译文只重归化而轻异化，那么就不会出现以下的对等习语，中国的语言将会丧失很多色彩，例如，障碍—瓶颈（bottleneck）、猫哭耗子—鳄鱼的眼泪（crocodile's tears）、全副武装—武装到牙齿（armed to the teeth），等等。

然而，我们虽然主张笔译应以异化为主要手段，但毕竟异化不是万能的。事实上，异化译法的运用是有一定限度的，不能超越其范围。有些习语出自寓言或历史典故，在笔译时如采用异化译法将无法使外国读者接受，但要加上注释又显得啰唆，这时最好的办法是采用归化译法。例如，“天有不测风云”，若把它的字面意义和形象意义毫无保留地译成英语，会使外国读者不知所云，因为汉语中“风云”的文化含义，西方人一般很难理解；若把它进行归化，就会一目了然了——“Something unexpected may happen any time.”。

总之，译文要充分传达原作的“本来面貌”，就非走异化路线不可。但译者在运用异化方法的过程中，要注意尺度，不要走上极端，弄巧成拙。

（二）归化

由于英汉语言文化上的差异，异化译法有时会使译入语读者感到费解，甚至产生误解。这时就有必要借用目的语中意义相同或相近，并且具有自己文化特色的表达法对原文加以归化。归化作为一种思想倾向，表现在对原文的自由处理上，它要求译文通顺，以满足目的语读者的兴趣。也就是说，将原文独具特色的东西采取“入乡随俗”的方法融入目的语中，即反对引入新的表达法，使语言本土化。归化译法常用于处理某些英语成语、典故、形象词语等文化色彩较浓的表达方式。恰到好处的归化可以使译文地道简洁、生动活泼，便于译入语读者理解和接受。例如，“煞风景”若译成 kill the scenery，那么目的语读者将无法理解，最好还是按照英语的表达习惯译成 be a wet blanket 更能让人接受。又如，“拍马屁”译为 lick sb.'s boots 比 pack the horse's buttock 更为妥当。再如，as strong as a horse 译为“力大如牛”，说明了“马”与“牛”在英汉两种文化中是对等的。因为英国古代以马耕为主，英国人对马有着深厚的情感。因此，在英美文化中马是勤劳和吃苦耐劳的象征。但是，在汉民族的文化里，牛则是吃苦耐劳的象征。中国自古以来主要靠牛耕，且牛秉性勤劳忠厚，自然形成了中国人对牛的热爱和赞誉。所以根据汉语的民族文化和表达习惯，此短语不能译为“力大如马”。

从以上实例可以看出，归化译法更替读者考虑，从目的语出发，其长处就是能使译文读上去或听上去更通顺地道，能给读者带来一种亲切感。

生活在不同文化背景中的人，在不同的历史进程中会选择各自独特的语言方式来表达自己的思想。因此，不同文化下的语言交流，或者被某一文化所确认的语言符号移植到另一文化环境中，如果仍采用异化法，就势必不能被人理解，甚至会使语言交流失败或中止，进而达不到笔译的目的。译者在笔译过程中采取以目的语为归宿的方法，即归化法来传递源语信息，这样才能使译文对译文读者所起的作用能与原文对原文读者所起的作用一样或相似，因为译文读者往往用自己的文化观念来理解译文的内容。

例 13：I'm a diplomat，a linguist，altogether a bespectacled cream puff.

译文：我是一个外交官，一个语言学家，总而言之，是一个戴眼镜的银样镴枪头。

原文“cream puff”的字面意思是“奶油泡芙”，比喻“中看不中用的人”，和汉语中的“银样镴枪头”意思相近。但如果译为“奶油泡芙”，则不易为汉语读者所接受。归化后，既能保存原意，又能为汉语读者所接受。

例 14：Everybody said how well the new secretary was doing，but old Mr Carr said shortly：“Yes. New brooms sweep clean.”

译文：人人都说新任秘书干得好，但卡尔老先生却简短地说：“新官上任三把火。”

原文“new brooms sweep clean”的字面意思是“新扫把扫得干净”，比喻“新任职的人干得好”，和汉语中的“新官上任三把火”异曲同工、貌合神离。

例 15：等他们赶来增援时，已是“正月十五贴门神——晚了半月啦”。

译文：But they were too late for a rescue.

门神一般都是正月初一贴的，把旧的撕下来贴上新的，寓示除旧迎新，而正月十五才贴就迟了半个月。这是中国的一个风俗，带有浓厚的民族色彩。如果异化，会导致译入语读者的不解，因此需采用归化法重现原文的含义。

如同异化有限度一样，笔译中采用归化法也要防止归化过头的倾向。所谓“归化过头”，就是指不顾原文的语言形式，不顾原文的民族文化特征，一味地追求译文的完美、通顺、流畅，使译文不像译作，而变成了创作。这种过度归化往往会产生“文化误导”的副作用，使读者在阅读译文时丈二和尚摸不着头脑。笔译作为文化交流的手段，应该力求“文化传真”，减少“文化失真”，尤其应避免“以假乱真”。

例 16：“Of course it may，” said Angel. “Was it not proved nineteen hundred years ago — if I may trespass upon your domain a little？”

原译：“当然可以，”安琪说道，“一千九百年以前，不是有人做到了吗？我这是班门弄斧，请原谅。”

表面上看来，该译文流利畅达，但经不起仔细揣摩。“班门弄斧”乃汉语成语，用于英语著作的译文中难免会使读者感到诧异，因此，不难看出该译文违背了“文化传真”这一准则，引起了读者的误解，造成了“文化错觉”。

改译：“当然可以啦，”安琪说道，“恕我冒昧地说一句你们的行话：这个事实不是一千九百年以前就被证明过了吗？”

总之，译者欲求译文通顺、明确，就要走归化的路线，并视其为异化的辅助方法。但要注意限度，不要一味地追求译文优美而跨越这个限度，要做到有条有理，避免弄巧成拙。另外，在笔译实践中选取一种策略而完全排除另一种策略的做法是不可取的，也是不现实的。笔译的理想境界应是两者的融合并用，使译文在接近读者和接近作者之间找一个“融会点”。这样译文作品可兼两策略之长而避其短，使两者有共同的空间。由此，笔者认为，在实际笔译过程中，归化与异化两种策略应该是相辅相成、互相包容的辩证统一的关系，两者应和谐共存。

第三节　英语笔译的常用技巧

笔译是不同语言之间进行准确、完整的转换的语言活动。恰当地运用笔译技巧不仅能使译文最大限度地再现原文的意义，而且能使译文符合目的语的表达习惯。下面就结合一些常见的笔译技巧进行具体分析。

一、词的笔译技巧

（一）词义确定的笔译

在进行笔译时，词义的选择和确定可从以下方面着手。

1. 按照词在句中的词类确定词义

不同词性的英语单词，其意义也是有所差异的。因此，笔译时要先确定单词的词类，再具体分析其意义。例如：

例 1：Nice save！

译文：漂亮的救球!

例句中的“save”为名词“救球”，因此可以译为“漂亮的救球”。

例 2：Jim heard no other sound save the tick of his watch.

译文：除了手表的嘀嗒声，吉姆听不到任何别的声音。

与前一例句不同，本例句中的“save”是介词，意思是“除了”。

例 3：Housewives must find ways to save woolen clothes during the hot summer time.

译文：家庭主妇必须找到方法避免毛料衣物在夏季被虫蛀蚀。

在这一例句中，“save”为动词，因此可以译为“避免”。

2. 按照词的搭配确定词义

不同语言间的词语搭配必定会存在一定差异，笔译时要尤为注意。以 raise 为例，其基本含义是“举起；使升高”，但当与之搭配的词语出现变化时，raise 一词的含义也会发生变化。例如：

raise fears 引起恐惧

raise the dead 使死者回生

raise a fleet 集结一支舰队

raise an embargo 解除禁运

再如，heavy 一词的基本含义是“重的”，但在下列短语中，其含义发生了变化。

heavy hand 手段严厉

heavy road 难走的路

heavy fog 浓雾；大雾

heavy tongue 笨嘴笨舌

3. 依照专业领域确定词义

有些词在不同的专业领域通常具有不同的含义，在进行笔译时需要依照专业领域来确定词义。以 boot 为例，在句子“However，with this option，AIX receives its boot information from another server on the network.”（但是，使用该选项时，AIX 从网络上的另一台服务器接收其启动信息。）中 boot 应译为“启动”；而在“Tom got the boot for frequently coming late.”（汤姆因经常迟到而被解雇。）中 boot 应译为“解雇”。

（二）词语空缺的笔译

1. 音译文化空缺词

在英汉两种语言中，都存在着一些词汇表达，这些词汇在源语语言中饱含丰富的文化内涵和特色，但却是该语言所独有的，在目的语语言中没有与之对应的词汇。为了更好地跨越这种翻译障碍，在翻译中妥善处理文化空缺词，同时还能较好地保存其文化的原汁原味，通常可采取音译的方式进行翻译。例如：

chocolate 巧克力

dominoes 多米诺骨牌

Prometheus 普罗米修斯

nylon 尼龙

sofa 沙发

golf 高尔夫

karaoke 卡拉 OK

coffee 咖啡

shampoo 香波

胡同 hutong

衙门 yamen

武侠小说 kung fu novel

围棋 weiqi

2. 进行相应的意译处理

当源语和目的语在词汇意义方面相差悬殊时，应不拘泥于原文形式，采用意译的方式来更好地阐释原文的思想内容。例如：

例 4：The better-than-expected performance from industry echoed growing confidence in the Square Mile.

译文：工业方面的表现比预期的要好，金融界的信心也随之日益增强。

本例中的“Square Mile”表面意思指的是“平方英里”，事实上，除了该意思之外，它还可以用来指代伦敦的金融街。因此，在对其进行充分的理解和认识的基础上，将其意译为“金融界”。

（三）词性转换的笔译

1. 进行转换翻译

与英语相比，汉语中使用动词更加频繁，因此在英译汉时，要适当将英语句子中的一些词类进行转化，使其更加符合汉语的表达习惯。例如：

例 5：设计时，他常参考手册，查阅一些数据。

译文：He often referred to handbooks for some data when designing.

2. 进行调整翻译

在英语中，存在一些名词作定语的情况，这一语言现象体现出现代英语简约化的趋势。针对此类情况，翻译时可进行相应的调整，采用调整翻译的方法。例如：

pedestrian street 步行街

street sense 在城里辨别方向的能力

3. 介词的翻译处理

介词是英语中极具活跃性且用法最广泛的一类词。但是，在汉语中，介词的使用频率却没有那么高。那么，在进行笔译时，为了使译文更加通顺流畅，通常可根据汉语的语言特点，将英语介词转换为汉语中的动词。例如：

例 6：“Coming！”Away she skimmed over the lawn，up the path，up the steps，across the veranda and into the porch.

译文：“来啦！”她转身蹦着跳着跑了，越过草地，跑上小径，跨上台阶，穿过阳台，进了门廊。

在对本例原文进行翻译时，译者将英语中的介词翻译成汉语中的一连串的动词，很好地展现了原文中的主人公“她”活泼、好动的性格。

（四）词语增补的笔译

笔译中完全对等的翻译是不存在的，与原文相比，译文中多多少少会存在某些增减，以使语言表达更加符合译入语读者的阅读习惯。通常而言，词语增补有两种情况：一是根据句法需要增词，二是根据语义需要增词。

1. 根据句法需要增词

考虑到句法的需要，译文中有时会增加某些原文中本没有的成分，目的是使译文表达更加通畅、完整。

（1）增加相应的数量词

英语与汉语中量词的使用是不同的，英语中用数词加名词的形式表示数量关系，因此，在英译汉时，要增加相应的量词。例如：

例 7：She smiled suddenly，exposing a set of amazing white teeth.

译文：她突然一笑，露出一口雪白的牙齿。

（2）增加表示名词复数的词

汉语中与英语名词复数相对应的词语是“们”“诸位”“各位”或叠词等。例如：

例 8：Nowadays students go abroad to further their study.

译文：现在学生们纷纷出国去深造。

（3）增加概括词

与英语中的概括词相对应，汉语常用“等”“双方”等表示。例如：

例 9：The Americans and the Russians have undergone a series of secret consultations.

译文：美俄双方已进行了一系列的秘密磋商。

（4）增加表示节奏和韵律的词

汉语常讲究语言的节奏、音韵、对称等形式，这一点在英译汉时也要多加注意。例如：

例 10：As fair art thou，my bonnie lass，

So deep in love am I；

And I will love you still，my dear，

Till a the seas gang dry.

译文：我的好姑娘，你有多么美，
我的情也有多么深；
我将永远爱你，亲爱的，
直到大海干枯水流尽。

（5）增加相应的关联词

在表达逻辑关系时，英语中常使用分词、不定式等语法结构，而汉语则习惯使用关联词。例如：

例 11：Knowing English well，he finished the English homework without much difficulties.

译文：由于他的英语很好，所以他轻松地完成了英语作业。

2. 根据语义需要增词

（1）增加名词

在英译汉过程中，增加名词的增词法主要适用于以下三种情况。

首先，在抽象名词后增加名词。例如：

madness 疯狂行为
persuasion 说服工作
darkness 漆黑一团

其次，在不及物动词后增加名词。例如：

例 12：Mother said to her five-year-old son："You must wash before meal, wash after getting up and wash before going to bed."

译文：母亲对五岁的儿子讲："你必须饭前洗手，起床后洗脸，睡前洗脚。"

最后，在形容词前增加名词。例如：

例 13：This computer is indeed cheap and fine.

译文：这台计算机真是物美价廉。

（2）增加动词

英译汉时，还要注意补充原文中省略的动词。例如：

例 14：My teaching，my family and my friends are more than enough to fill my time.

译文：我要教学、料理家务、结交朋友，这些事我简直忙得不可开交。

（3）增加形容词或副词

译者也可以结合原文，适当补充原文中缺少的形容词或副词。例如：

例 15：The hungry boy is wolfing down his dinner.

译文：那个饥饿的男孩正狼吞虎咽地吃饭。

（五）零译处理

零译是一种客观存在的比较新颖的翻译技巧。与传统意义上的直译、意译、音译等翻译技巧相比，这种翻译技巧具有省时、简便、节省空间等优点。零译的使用对促进本民族语言和文化的发展有着非常重要的作用和意义。例如：

FAX 传真

VIP 贵宾

VS 对阵

EQ 情商

HR 人事部门

CEO 首席执行官

IT 信息技术

再如，“买 DVD（数字化视频光盘）”“查一下 DNA（脱氧核糖核酸）”“做 B 超（B 型超声诊断）”等。

二、句的笔译技巧

（一）句子语态的笔译

受到思维方式和思维风格等因素的影响，英汉语言在语态上呈现出明显的不同。尽管两种语言都涉及被动与主动这两种语态，但是，在被动语态和主动语态的运用方面却存在着或多或少的不同。在进行笔译时，译者也应根据具体情况进行相应的处理。主动语态和被动语态的笔译主要包括以下几种情况。

第一，英语被动句转换成汉语主动句时，可以保留原被动句中的主语，也可以将其转换成汉语话题，然后将谓语从被动形式转换成主动形式。例如：

例 16：She was forced by circumstances to resign her post.

译文：迫于环境，她只好辞去职务。

第二，在翻译英语被动语态时，面对将被动转化为主动的情况，还可以用其他主语来替换原有主语，或者将原句中省略的施事者加以还原，还原成句子中的主语，或者直接省略句子中的主语，甚至还可以添加新的主语。例如：

例 17：The audience are requested to keep silent.

译文：请听众保持肃静。

第三，在将汉语被动意义译为英语时，大部分存在标记的汉语被动句可以直接转化成被动语态。但是，在一些特殊情况下，对于原文中的“被”字结构，可酌情将其译为英语的主动形式。例如：

例 18：失望之余，我孤独自处，被缺乏自信的情绪沉重地笼罩着。

译 文：Out of despair，I retreated into seclusion，diffidence weighing heavy on me.

第四，针对汉语中的功能被动句，由于其句子或话题是受事者，并且其谓语通常都是由及物动词来充当的，并起到评判、说明、描写等作用，在对这类句子进行翻译时，通常将其译为英语被动形式。例如：

例 19：荷花居污泥而不染，若为怕水污染而种在旱地上，它早就枯死了。

译文：The lotus grows in the mud without being tainted，if，to avoid the dirt，one plants it on dry clean ground，it simple won't grow.

（二）句子状态的笔译

现实世界中的物质存在着相对稳定和明显变化这两种状态。语言是对现实世界中诸多客观现象的反映。这种现实世界的物质运动变化的状态反映在人们的思维层面，并在语言层面中也有不同程度的反映。具体到英汉两种语言，主要表现为英语语言倾向于静态化的特点，汉语语言呈现出明显的动态化的特点。

针对两种语言静态和动态的不同，在笔译时也应采取相应的技巧进行翻译。下面就结合几种比较常见的情况进行具体分析。

第一，将名词、名词短语等译成动词、动词短语。例如：

例 20：She is a good eater and a good sleeper.

译文：她能吃能睡。

第二，将形容词、副词等译成动词、动词短语。例如：

例 21：Mary is wonderfully patient.

译文：玛丽的忍耐功夫着实令人吃惊。

第三，将介词、介词词组等译成动词、动词词组。例如：

例 22：John is at law with the enterprise.

译文：约翰正在和那家公司打官司。

第四，将汉语中的动词翻译成英语中的名词。例如：

例 23：一定要少说空话，多做工作。

译文：There must be less empty talk and more hard work.

第五，将汉语中的动词翻译成英语中的介词短语。例如：

例 24：上下班她通常骑自行车。

译文：She usually rides a bike to and from work.

（三）语义笔译

语义笔译将表达内容限制在原文文化的范围之内，保留了原文中文化和民族色彩的概念，再现了原文的美学价值，因此语义笔译在结构与词序安排方面更贴近原文。例如：

例 25：source mineral facial cleansing gel （AHAVA）

译文：矿物保湿洁面啫喱

例 26：Amino acid shampoo set

译文：氨基酸洗发精套装

这些有关化妆品的翻译就采取了语义笔译技巧，很好地忠实于原文，没有进行任何的主观再造，这样就很好地规避了理解上的分歧。

再如，在《浮生六记》的英译本中，也有多处运用了语义笔译技巧。

例 27：……虫声四起……

译文：...Insects began to chirp all round...

例 28：……且共倒金樽……

译文：...Let’s together empty the golden goblet...

（四）交际笔译

交际笔译的重点内容是将带有源语文化色彩的概念进行转化，以使其更加符合译入语读者的表达习惯。通常情况下，一些文艺性的作品比较适合使用交际笔译进行翻译。例如：

例 29：同时黑影里其余的女人也尖声叫：“啊哟！”

译文：At the same time，in the shadows，the other women let out shrill cries.

这是对钱钟书的《围城》进行翻译的例子，通过将原文和译文进行对比，不难发现，译者将原文中的直接引语进行了改造，使其变成了间接引语，这是一则使用交际笔译的典型例子。

再如，在《浮生六记》的英译本中，也有多处运用了交际笔译技巧。

例 30：惜乎明珠暗投……

译文：But this was like casting pearls before swine...

（五）其他笔译技巧

1. 改写

改写技巧的运用不仅使译文保留了原文的含义，且具有译入语文化色彩。例如：

例 31：Anger is only one letter short of danger.

原译：生气离危险只有一步之遥。

改译：忍字头上一把刀。

本例中，原译和改译均没有错误，但是相比之下，改译的版本更佳，不仅保留文字游戏的风格，而且保留了原文的含义。

2. 置换

在笔译时，假如在目的语中找不到对应的词语，可采用置换技巧进行翻译。例如：

例 32：假使有钱，他便去押牌宝。

译文：If have the money，he went gambling.

本例中的“押牌宝”这种赌博方式在如今社会已不存在，在对这一具有独特文化内涵的词语进行翻译时，译者采用了置换策略，直接用“gambling”一词来替代“押牌宝”。采用置换策略进行翻译的例子还有很多。又如：

lead a dog’s life 过着牛马不如的生活

to teach fish to swim 班门弄斧

to have one foot in the grave 风烛残年

牛饮 drink like a fish

拍马屁 kiss sb.’s ass

胆小如鼠 as timid as a rabbit

挥金如土 spend money like water

第四节　英语笔译课程的现状及改革

随着“一带一路”倡议的推进和发展，我国与世界各国的交流与合作也日渐频繁。这一方面增加了国内外各行业对翻译的需求，另一方面也对翻译人才素质提出了更高的要求。在今天，互联网技术和人工智能技术不断飞速发展，翻译的手段和方式也在不断进步。高校在培养外语翻译人才时，要与时俱进，不断改进目前笔译课程中出现的问题，顺应时代的发展，正确引导学生利用网络资源和翻译软件，掌握更多的翻译技能，实现高效、准确的翻译。本节将对高校笔译课程的现状、改革和发展进行研究和探索。

一、英语笔译课程的现状和问题

（一）教材内容陈旧

教材是课程的灵魂，学生学习和复习都要以教材为蓝本。目前高校的英语笔译课程教材已经多年没有更新，教材内容与时代的发展明显有了时差。虽然可以让学生充分地了解完备的理论知识，但是却无法满足他们实际生活和工作上的需要。

（二）教学方法刻板

笔译课堂中有的教师过分注重对学生外语转换能力的培养，重点强调语言间的对比和转换训练，设置了大量词语转换、语态转换等基础练习。虽然会有与学生互动的时间，但是大多数时间还是教师在主讲，讲解内容集中在句型、词汇上，点评重点也主要集中在纠正单词和语法的错误上，并没有太多对学生整体翻译能力和整体译文调整能力的训练。同时教师在教学活动中很难了解到学生的真实想法和能力，无法有针对性地对学生进行个性化指导，学生也没有机会去动脑思考，失去了主动学习全部翻译活动和过程的好机会。

（三）教学评价体系陈旧

笔译课程是一门不断提高和进步的课程，学生的能力不可能在一两次的考试或测试中得到全面体现，所以沿用目前以期末考试定终身的评价方式，对学生是不公平、不客观的。虽然平时也会有四次作业或者小测试，但是也无法全面连续、客观地反映出学生的真实水平和进步的节奏。

二、手机翻译软件的普及

在互联网和人工智能飞速发展的时代，高校学生不断地接受新鲜的科技资讯，使用各种智能手机软件。在高校的课堂上，从学生们用纸笔拼命记录笔记，到今天举起智能手机拍照，提取文字后方便快捷地整理成电子笔记。科技的进步对学习有着重大的意义和辅助作用，但是也存在一些问题。

在高校笔译课堂中，智能手机不仅仅担任快速记录的角色，还有着更强大的能力，就是充当智能翻译机器人。学生普遍通过手机翻译软件，进行单词、短句、课文等的翻译。手机翻译软件除了可以语音识别，还可以智能取词、提取图片中的大段文字。只要举起手机拍下需要翻译的文字就可以快速地提取出文档，并且翻译成目标语言。这给学生创造了很好的学习条件，但也让一部分学生懒惰起来，放弃了自主思考的过程。使用手机翻译软件可以快速翻译简单的句子，但是翻译长句子和成段的文章的效果并不理想。虽然手机翻译软件的某些译文不通顺，但部分学生为了应付作业和练习，也还是频繁地使用手机翻译软件。手机翻译软件在常用单词的解释和简单语句的翻译上还是有一定的实用价值的。

三、笔译课程的改革对策

（一）课程内容和任务

为了对现有的教材内容进行补充，任课教师需要添加课内外的翻译练习。教师可以在网络上收集大量切合实际生活的资源，如风景名胜的简介、各大公司简介、国外网红产品说明书等，作为笔译课堂的补充练习，一定会提高学生的学习兴趣。网络资源的应用可以在一定程度上丰富笔译课堂，拓展学生的知识面，让学生汲取的知识与时俱进，最大限度地提高学生的综合素质。由于英语专业的学生在大学阶段还面临着英语专业的等级考试，很多学生对英语笔译技巧较为感兴趣，普遍希望在短时间内学习到更多的笔译技巧。因此在课程内容中要尽量结合一定的笔译技巧讲解，所以在选择布置给学生的翻译任务的过程中，可以有针对性地选择一些笔译练习任务，让学生学习到更加地道的词汇和表达方式。在完成课程翻译练习和翻译任务的过程中，教师一定要注意正确引导学生对手机翻译软件的使用，适当地调整补充练习的难度，让学生体会手机翻译软件的缺陷和不足，调动学生的思维，让学生主动去比较和思考，调整使用手翻译软件的频率。

（二）课堂活动

在任务型教学法理论的基础上，将学生以自由组合的方式分若干小组，成立小规模的翻译工作室。每个工作室成员通过分工合作来完成教师布置的课前和课内的翻译任务。在翻译的过程中，各个工作室可以进行内部的交流讨论，之后在课堂上汇报出翻译的成果和翻译过程。在课堂上由每个工作室选出代表进行译文发表，详细介绍各个工作室的翻译成果。各个工作室之间可以互相提问、讨论，在班级内部评比选出最佳译文，最后由教师针对学生出现的典型问题进行总结、分析和点评。教师给出意见后，各工作室互相点评、打分，选出翻译效果最好的译文。

学校可以定期在每个学期组织一次模拟翻译情景活动，如会议资料翻译、剧本翻译、广告词翻译等，让学生在模拟的情景中运用学到的翻译技巧去解决各类实际问题。学生可以在情境中把工作室的翻译成果，以表演的形式呈现出来，这样可以充分调动学生的积极性，激发学生的学习热情。

另外，为了给学生实际应用学习成果创造良好的氛围，学校可以组织学生到本地的各类翻译公司、外文杂志社等机构进行参观学习，让学生了解真实的社会需求和翻译行业的现状，为以后的翻译工作奠定基础。

在课堂中允许学生使用手机翻译软件，方便学生迅速地翻译词汇和句子，并在讨论、提问的过程中，把手机翻译软件的译文也作为研究对象，加深学生对译文的思考。充分利用手机翻译软件的便捷性，在情景模拟活动和参观活动中，帮助学生迅速地理解各类新信息，提高他们的学习效率。

（三）评价方式

传统的评价方式无法真实、客观、全面地反映出学生的学习成果，因此要改变以平时测验和期末测试为主体的评价体系。学校可以在英语笔译课堂上引入了档案评价体系，为每个学生建立长期的学习档案，在其中收集学生阅读过的外文资料、翻译工作室的翻译成果、课堂发言的表现、工作室自评和互评的成绩、情景模拟的表达情况、参观学习的表现、手机翻译软件的使用技能等方面的内容。通过对一学期内学生各个方面资料的不断收集和认真评价、反思，力争做到全面、客观、准确地反映出学生翻译能力进步的历程。

四、笔译课程需要改进的方面

（一）高校方面

笔译课程各方面的改革，需要高校的全力配合。高校应完善互联网硬件设施，在校园中配备较好的硬件设备，满足师生的网络资源需求。要实现校园内部的无线网络覆盖，方便学生使用手机智能翻译软件。

（二）教师方面

在增加了笔译教学补充内容和教学活动后，教师的个人综合素质也面临着重大的挑战。教师不仅要加强本专业的业务素质，还要提高个人的思维及表达能力，力争做到对学生的翻译发表和情景模拟活动，做出正确的引导和评价。同时还要跨界学习互联网知识，了解人工智能领域的信息，做到对网络资源的充分掌握，能够灵活地使用手机翻译软件，第一时间了解新鲜的技术资讯和功能资讯。

（三）学生方面

学生在传统的教与学的活动当中一直是个很被动的角色。在笔译课程改革后，需要学生在学习中发挥更大的积极性和主动性，这就需要学生具有相当强的自主学习能力和自控力，能够积极主动地完成教师布置的各项翻译练习和翻译任务。在翻译工作室模式中，学生要发挥团结协作的精神，在小组中互相磨合，不仅要学习翻译技巧，还要掌握与人沟通的技巧。学生也要在使用手机翻译软件的过程中不断地思考，端正对手机翻译软件的态度，从完全依赖向将其作为工具调整，在修改手机翻译软件译文的过程中，不断提高自身的中英文写作表达能力，从而提高自己的翻译质量。

在互联网和人工智能飞速发展的时代，高校英语笔译课程必须做出改革和调整。在改革中不仅要完善课程的内容、革新授课方式、推行新的评价方法，同时要正确引导学生使用智能手机翻译软件。

第五节　英语笔译课程设计及其应用

一、高校本科英语专业笔译课程的重要地位

目前我国大多数高等院校都设置了本科英语专业，而在英语专业高年级阶段，几乎都开设了笔译课。作为专业技能课，笔译课在课程设置中占有重要地位。《高等学校英语专业教学大纲》（以下简称《大纲》）规定，“对英语专业的学生要强调听、说、读、写、译技能的均衡发展，尤其要注重说、写、译表达能力的培养。在执行新《大纲》时，要注意改变过去教学中对英文写作和口笔译重视不够的情况”。因此，在本科英语专业教学中，应把笔译教学放在一个更重要的位置。《教育部关于全面提高高等教育质量的若干意见》要求创新人才培养模式，倡导启发式、探究式、讨论式、参与式教学方法。有鉴于此，针对目前英语专业笔译课程普遍存在的弊端，以大学本科英语专业人才培养目标和市场需求为导向，笔者提出了全新的课程设计方案，应用于教学实践中，并对教学效果进行了验证和分析。

二、英语笔译课程设计的过程

设计英语笔译课程涉及诸多成分。格拉费斯介绍了一个课程设计发展过程的流程图（见图 3-5），包括界定环境、表达理念、构建教学内容、评估需求、建立教学目标和目的、教材开发、设计评估计划、课程组织等。同时他指出课

程设计的两个方面：一是在课程设计的过程中，没有等级，也没有完成任务的先后顺序。课程设计者可以从框架中的任何一点开始。二是课程设计的过程本身就是一个系统，不同成分之间是相互关联、互相影响的，对一个成分的计划或改变会影响到其他成分。设计一个课程无论从整体还是部分来讲，都是一个不断发展的工作。因此笔者在课程设计的实际操作过程中，从界定环境开始，根据教学活动的实施和发展，对其他各个环节不断进行修正和改进。

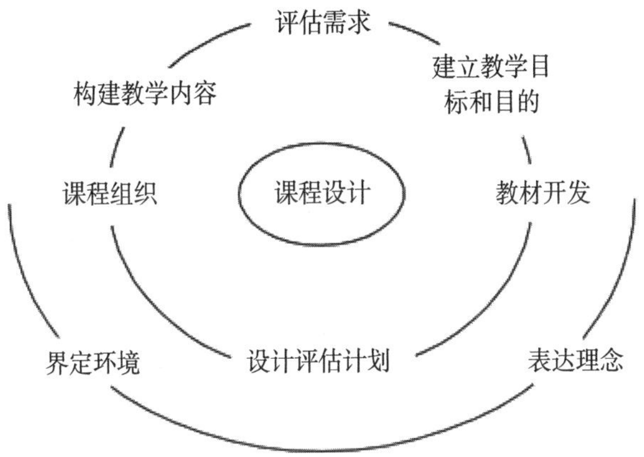

图 3-5　课程设计发展过程的流程图

（一）界定环境

一个既定环境是引导教师做出决策的资源，也是一个重要的制约因素。因此在课程设计的前期对环境进行界定是必要的。笔者以授课教师的身份对某高校英语专业 2019 级本科生笔译课程进行课程设计和行动反思研究，基本信息见表 3-1。

表 3-1　课程案例的基本信息

课程名称	课程性质	学时	学生人数	授课学期	备注
英汉互译	专业必修	72	108	第 5、6 学期	2 课时 / 周

如表 3-1 所示，开展英汉互译课程的一个年级共 4 个班，时间跨度为 1 年，学生共计 108 人（其中女生为 15 人，男生为 93 人）。学生入学时基础较薄弱，虽经过两年的基础课程学习，但英语水平仍待提高。在课程开始初期，对学生各类英语水平考试的过级率进行统计，结果表明，通过专业四级的学生有 18 人，占 17%；通过公共英语六级的学生有 21 人，占 19%；通过公共英语四级的学

生有 90 人，占 83%。继续夯实语言基础、提高英语综合能力仍然是学生面临的一个重要任务。

笔译课授课教室相对固定，且每间教室都配备了电脑和投影仪，可以联网，桌椅彼此独立，可以根据课堂活动安排随意移动。课程已有指定的课本，但内容编排比较陈旧，需要对教材进行整合取舍，增加新的内容和素材。

（二）表达理念

教学理念在课程设计的每一个环节都扮演着不同的角色，是教师做出决策的基础。在笔译课程设计过程中，笔者将以下几种教育理念尽量融入课程中。

一是以学生为中心的理念。教师只是学习框架的提供者，是教学活动的组织者、协调者、辅助者和监督者，可以适时提供指导和反馈，而学生则成为整个学习过程的中心，他们是自己学习的管理者，是课堂活动的实施者，是小组活动的参与者，同时他们也可以和教师一起参与练习材料的选择、课堂任务的设定和学习效果的评价。

二是以交际目的为中心的理念。翻译是基于源语文本的有目的、有意识的跨文化交际行为。翻译任务以实现交际目的为中心，在目的指引下做出宏观和微观的翻译决策，任何没有实现交际目的的翻译都是失败的翻译。

三是以意义为中心的理念。注重文本意义的传达而非语言符号的转换，同时重视语言的细节和准确性。

四是以过程为中心的理念。和翻译结果相比，我们更应该关注翻译过程，对过程的强调可以使学生更多地反思自己的翻译步骤、翻译决策，以及如何解决遇到的翻译问题等。

（三）建立教学目标和目的

我国《高等学校英语专业教学大纲》规定，“英语专业培养具有扎实的英语语言基础和广博的文化知识并能熟练地运用英语在外事、教育、经贸、文化、科技、军事等部门从事翻译、教学、管理、研究等工作的复合型英语人才”。同时，大纲也提到，“打好英语基本功是英语专业学生业务素质最重要的部分，应贯穿大学 4 年教学的全过程”。因此，本科英语专业的笔译课程在加强翻译技能培养的同时，也要在课堂内继续贯穿对学生英语基本功的夯实。有鉴于此，结合教学环境，笔者倾向于把英语专业笔译课程定位为教学翻译和翻译教学的结合，既是培养英语能力的高级课程，又是培养翻译人才的初级课程。

在教学翻译和翻译教学的双重定位下，笔译课程教学目标可以设定为：作为培养英语能力的高级课程，学生需进一步提高自己的语言基础，包括语法的掌握、词汇的拓展等；作为培养翻译人才的初级课程，学生应掌握并熟练运用各种翻译技巧，对中英文进行灵活转换。同时根据自己的方向，熟悉各种文本类型的翻译原则和方法，以便在毕业后从事该领域的文本翻译时，能迅速适应。

（四）构建教学内容

以交际为目的的翻译教学是不能忽视对于文本类型认知的重要性的。在课程设计中，笔者尝试改变传统的单纯以技巧为主的课程内容，将各种文本类型也纳入教学内容中来，具体操作为每两周（共 4 课时）进行一单元，使学生了解一种翻译理论或技巧，并熟悉一种文本类型。每一单元首先设计一系列不超过 20 分钟的“微型课”，将翻译理论或技巧作为导论介绍给学生。然后通过翻译某种类型的文本，将翻译理论或技巧“语境化”，即在文本的翻译中强化理论的指导功能，掌握技巧的实际运用。

翻译理论和技巧的选择以所用课本为主要框架，包括翻译概论、词性转换、增词法、省略法、结构调整、肯定与否定、被动语态、各类从句和长句的处理方法等。值得一提的是，翻译概论需增加两项内容：一是德国功能派目的论，因为其核心思想和基本内容对文本形式的翻译实践有很强的指导作用；二是翻译工具，包括辞典、计算机辅助翻译、互联网资源、软件工具等手段的使用，因为学生对翻译资源的利用可以大大提高翻译效率和质量。在文本类型的选择上，尽可能使用真实的文本，同时要以学生的兴趣和社会的需求为导向。笔者在笔译教学中，将商务文本、新闻文本，政治文本、科技文本、旅游文本等翻译划入不同的单元，一方面引导学生理解不同文本类型有不同的语言特征和文本功能（如信息、表情、感召等），需采取不同的翻译策略和方法，执行特定的语用功能；另一方面，引导学生关注各种翻译技巧在具体字、词、句层面的运用。学生通过完成各种翻译任务，不断总结和巩固翻译知识，熟悉各类文本的处理方法，同时将各种翻译理论或技巧内化为个人的翻译能力。

（五）课程组织

课程内容的构建以及课程目标和目的的界定是课程组织的依据。考虑到上文提到的笔译课程内容的构建和课程的教学目标，笔者将任务作为课程组织的主要形式。翻译本身就是一门实践性非常强的学科，因此教师完全可以将各种文本类型的翻译实践以任务的方式分配给学生，通过任务的确定、设计和实施，带领学生在实战中理解、内化、总结和提高。

翻译任务的实施可大致分为三个阶段：第一，在任务前阶段，了解语篇的语用和语境因素，了解翻译纲要，分析翻译目的，自上而下做出宏观决策，同时借用图式、背景知识、语境等帮助学生理解原文意义，如果涉及翻译项目还需要进行术语的统一和任务的分配等。第二，任务中阶段包括学生的翻译操练、自我校对、互审校对和修改，引导学生在宏观方面以实现文本翻译目的为首要原则，重视翻译环境和文本功能，灵活处理在实践中遇到的各类翻译问题：在选词、句法、修辞等微观方面充分考虑英汉文本的差异，选择适合的翻译策略和方法。第三，任务后阶段包括成果展示、学生互评、撰写反思日志、教师评价总结以及布置相关的课外翻译作业等。在每个学期末的时候，各个小组需要完成一次大型翻译项目，英译中和中译英各8000字左右。项目组长负责确定译文格式、统一译文术语、分配任务、组织协调、审校定稿、总结翻译问题、撰写翻译报告；项目组员负责按时按质完成翻译任务、译文互审、汇报翻译过程和翻译问题。

总之，不管是独立翻译还是项目翻译，从任务的前期准备到中期实施再到后期成果，是一个动态的、系统的、连续的学习过程。学生通过独立翻译、小组合作等形式完成各种翻译任务，在一种仿真的环境中体验翻译过程、学习翻译技巧、提升翻译能力。

（六）评估需求

如果课程设计反映的是学生的需求，那么必须先评估学生的需求，但格拉费斯指出，从经验来看，大多数教师都没有机会在课程开始之前进行需求评估，而大都是在教学后才开始做需求评估的。因此笔者首先确定教学目标和部分教学内容后，在第二学期期末，即笔译课程即将结束的时候对学生进行了需求评估。

对于课堂上已涉及的各种文本类型，从兴趣的角度来讲，25%的学生认为自己对影视翻译最有兴趣；19%对广告翻译最有兴趣；17%对旅游翻译最有兴趣；13%对人物简介翻译最有兴趣；11%对媒体翻译最感兴趣；各有10%对习语翻译、简历翻译、经贸翻译最感兴趣；9%对公示语翻译最感兴趣；8%对文学翻译最感兴趣；5%对时政翻译最感兴趣；4%对合同翻译最感兴趣；0%对科技翻译最感兴趣。

就实用的角度来讲，22%的学生认为简历翻译对自己最有用；20%认为经贸翻译对自己最有用；各有13%认为文学翻译、合同翻译对自己最有用；1%认为时政翻译对自己最有用；9%认为广告翻译对自己最有用；7%认为科技翻译对自己最有用；各有6%认为人物简介翻译、习语翻译、影视翻译对自己最有用；各有 4% 认为旅游翻译、媒体翻译、公示语翻译对自己最有用。

以上结果为今后笔译教学内容中文本类型的选择提供了参考。对于学生感兴趣的和对学生有用的翻译文本类型，可适当延长学时或者增加实践机会。

（七）教材开发

教材并非教学的中心，而只是一种刺激物或手段。在吃透教材内容后，可以把教材作为基础知识框架来拓展教学内容。由于教材更新速度相对较慢，其中的翻译素材容易过时，所以可以由教师和学生从网络、报刊、社会实践等多种途径共同搜集选取合适的、新鲜的教学材料，弥补教材跟不上形势发展的不足；同时，教师可以推荐多种课外阅读书目作为参考书，供学生自主学习使用。

（八）设计评估计划

笔译课程中所采用的评估形式主要是形成性评估和终结性评估相结合（见表 3-2）。形成性评估的比重加大到 60%，由教师和学生共同参与评定，考核项目包括出勤情况、学习档案（包括个人翻译实践和反思日志）和小组翻译项目，主要考查学生的学习过程、努力程度和学业水平的提高程度。终结性评估以试卷为考查形式，包括主观题和客观题，主要考查学生的翻译能力。此外，鼓励学生积极参与校内外各类翻译实践或比赛，针对其完成的任务量或比赛成绩适当加分，形成覆盖课堂内外的、立体式的评价体系。

表 3-2　课程评估方案

考核项目		所占比例
出勤		10%
学习档案	个人翻译实践	20%
	反思日志	10%
小组翻译项目		20%
期末考试		40%

三、应用及反馈

笔者将此课程设计应用于笔译教学，经过一年的教学实践，通过网络匿名评课结果、问卷调查和访谈，对资料数据进行分析和对比，验证课程设计的应用效果，为改进课程设计中教学目标的设定，教学内容、教学方法、评估方案等的安排提供依据。

（一）总体评价

总体上，学生对笔译课程的设计比较满意。2019 级 4 个班级的学生全部参与了网络匿名评教，表 3-3 是评教结果。

表 3-3　学生网络匿名评教

课堂授课的认真程度	94.63 分
作业布置及批改情况	94.32 分
注重应用能力培养的情况	95 分
调动学生积极性情况	95 分
综合得分	94.752 分
等级	优秀
综合排名	5
参评人数	108

笔译课程最后综合得分为 94.752 分，等级为优秀，在整个外语学院本学期 35 门课程中综合排名为第五。与之形成对比的是，在实施此课程设计之前，笔译课的评价一直在良好等级（80 ～ 90 分）徘徊。这样的结果表明学生对教学效果的满意程度有了大幅度提升。

在访谈中学生表示学习笔译课程的主要收获有：能在规定时间内认真完成内容丰富的翻译实践，很有成就感；扩大了视野和知识面；掌握了基本的文本翻译技巧；提高了翻译兴趣、翻译水平；提升了英语综合应用能力；通过完成翻译项目学会了团队合作等。

（二）学生反馈对课程设计的形成性作用

评价最佳或最有效教学模式的标准：在特定情况下能够实现特定的教学目标。形成性评价理论认为，只有学习者对教学和学习目标高度认同，目标的设定才能起到自发调节学习行为的作用。关于笔译课程的学习目标，问卷显示：15.7% 的学生认为是提高英语综合能力；5.6% 认为是了解翻译理论与技巧，提升翻译能力；0% 认为是提高中文综合能力；78.7% 认为以上皆有。这说明将笔译课程定位于翻译教学和教学翻译的结合，其教学目标得到了大部分学生的认同。

关于笔译课程的教学内容，问卷显示：对于每两周以一种翻译技巧结合某种文本类型为单元划分的教学安排，62% 的学生表示赞成；38% 表示基本赞成；0% 表示不赞成。对于课堂上选用的各种文本类型翻译材料的内容和难度，问卷中 51.9% 的学生表示赞成；43.5% 表示基本赞成；4.6% 表示不赞成。在访谈中，学生表示教师的补充材料难度适中，非常有趣，应不断更新和丰富翻译材料，注重热点，贴近生活，强调实用性。

对于翻译任务实施的三个步骤，88.9% 的学生认为非常合理；9.3% 的学生认为合理；1.8% 的学生认为不合理。

对于以小组为单位共同完成翻译项目活动，59.3% 的学生表示喜欢；35.2% 表示一般；5.5% 表示不喜欢。通过对学生的访谈，笔者发现学生喜欢小组共同完成翻译项目的原因主要有：成员之间分工协作，气氛活跃；可以拓展思路、集思广益、取长补短、提高效率；通过相互讨论和借鉴，既培养了团体意识，增进了解与感情，又提高了译文质量。有些学生不喜欢小组共同完成翻译任务的原因主要有：难以充分调动个人积极性；容易形成个人依赖情绪导致缺乏独立思考；会出现有人偷懒或者不配合的情况；有时意见很难达成一致等。因此，翻译任务的布置应将个人独立翻译和小组共同翻译相结合，既要鼓励个人努力，也要促进团体合作。

而对于笔译课程评估方案，77.8% 的学生认为非常公正合理，20.3% 的学生认为合理，1.9% 的学生认为不合理。在访谈中，大部分学生对注重形成性评估的理念表示了认同，也有部分学生希望对评估方案做出微调，如减少翻译项目所占的比重，加大个人翻译实践所占的比重等。

一年的教学实践证明，该笔译课程设计具有一定的合理性和可行性，可以提高学习任务的互动性，增强教学的目的性和启发性，培养学生的兴趣和自主能力。对于教学目标、教学内容、教学材料、课程组织、评估方案等，学生表示出了较高的认同。但是对小组共同完成翻译项目，其满意率仍有很大的提升空间。小组翻译项目如何更积极有效地开展，仍有待进一步探索。

第四章　高校英语笔译教学研究

第一节　英语笔译教学理论

自 20 世纪 90 年代起，全球有许多高校开设了翻译职业教育的课程，很多翻译领域的学者也开始从事翻译教学研究，并提出了相关的理论。本节梳理了比较流行的几种笔译教学理论。

一、社会建构主义翻译教学理论

2000 年，唐纳德·基拉利在专著《社会建构主义翻译教育：从理论到实践的自主》中提出了社会建构主义翻译教学理论。

社会建构主义是当代西方社会科学哲学的一股重要思潮，认为知识是社会群体互动和协商的结果，个人可以通过与他人的互动与协商，主动建构起自己对客观世界的认知，并形成知识体系。换句话说，知识的获得并不是一个被动的过程，而是认知主体通过协商主动建构起来的。

翻译活动是一个过程，该过程是动态的，它的体现形式并不是最终的产品——译文。因此，我们可以说，翻译教学并不是知识性的教学，仅靠教师知识性的灌输并不能让学生对翻译活动有深刻的体验。翻译活动一般包含以下几个方面：译前准备、翻译、译后编辑和校对。每个方面都需要学生在模拟的翻译项目中通过相互交流主动建构起自己对翻译活动的认知，并形成知识体系。

现在，很多项目需要多位译员合作才能完成。因此在训练时，教师的任务之一就是要让学生懂得译员不仅要理解并且完成一项翻译任务，而且要在一个专业的团队中根据团队的规范和预期来完成这项任务。让学生了解、体验自己的社会角色是翻译教学中一个必不可少的环节。

无论是知识体系的构建，还是社会角色的培养，都离不开互动与协商，离不开团队协作，可以说，基拉利提出的社会建构主义翻译教学理论正好契合了翻译教学的这一特点。

二、后现代主义翻译教学思想

后现代主义哲学是一种哲学思潮和哲学体系，后现代主义翻译教学思想就是基于后现代主义哲学发展来的。“后现代”并不是指“时代化”意义上的一个历史时期，而是指一种对“现代主义”或“现代性”的反思，是对一些不言自明的主流社会观念的质疑，是一种崇尚多元性和差异性的思维方式。

开放性是后现代主义教学观的特征之一。后现代主义教学观认为教学过程不是一成不变的，而是运动、变化的，在向不同的学生传授相同的教学内容时可能会发生意想不到的变化。在这种理念的指导下，教师需要有计划地进行教学，更要有明确的教学目标。不管教学效果发生怎样的变化，教师对学生的评价都不能偏离教学目标。相同的教学内容可能会取得不同的教学效果，因为教师与学生并不是一种单纯的、单向的讲授与接受的关系，而是一种双向交流的关系。教师可以对学生发起提问，而学生的回答却会因人而异、因时而异，学生反应的不确定性是导致教学效果不统一的重要原因之一。虽然不能控制学生面对提问时的反应，但教师需要保证“提问—回答”的环节不脱离教学的秩序，一直处在教师的控制之下，朝预定的教学目标不断靠近。

后现代主义解构了原有的师生关系。根据后现代主义的教学观，教学是开放性的、对话性的，师生在彼此平等的基础上进行开放式的对话。在后现代主义教学观中，师生的地位平等，学生和教师都可以从不同的视角对教学内容进行解读，师生在平等的对话与交流的过程中达成理解，这不仅可以促进学生的发展，也可以促进教师专业能力的提高。

后现代主义教学观认为，教学过程不是枯燥无味的，而是丰富多彩、变化多样的；教学过程也不是灌输式的，而是富有情境性和启发性的。教师在教学中首先要做一个耐心的倾听者，要善于接纳学生的反馈意见，并根据学生的反馈意见分析当前的教学状态。教师要尊重学生的个性，在对学生的学习表现进行评价时，不能仅限于知识层面的反馈，不能仅纠正学生在知识层面所犯的错误，还要了解学生的心理变化，尊重学生的人格学习动机和学习兴趣，在与学生的讨论过程中，达成师生的共同理解。

翻译教学的最终目标是培养学生的翻译能力，而传统的、灌输式的、教师权威型的教学模式并不适合培养学生的翻译能力，后现代主义教学观则更适合。罗斯玛丽·阿罗约是后现代主义翻译教学观的倡导者。她认为，在翻译教学中，只讲解标准、权威的专家译文不利于培养学生的翻译能力，要尊重学生的个性，因为学生在阅读和翻译上存在差异性和多样性，对原文和译文的文本建构需要在平等对话的基础上才能完成。她试图创建一个使学生尽可能意识到翻译诸多因素的非集权化的教学环境，以培养学生处理各类文本的批判性实践能力。但阿罗约的论述仅停留在理论层面，她没有深入课堂实践，没有针对教学中的一些具体问题提出较为可行的执行策略或方案。

与阿罗约的观点不同，后现代翻译教学观的另一位代表人物道格拉斯·罗宾逊认为，翻译是一种直觉活动，无论是原文的意义还是译文的意义，都不是认知的结果，而是感知的结果，身体的直觉指导着译者的翻译行为，译者对文本做出的直觉反应既受个体因素的影响，也受译者所在文化的制约。基于这种观点，翻译教学应注重培养学生的直觉反应，教师应创造一些尽可能接近于真实翻译过程的情境，让学生在这种情境中学习如何解决翻译中的各种问题，最终培养学生对正确的翻译策略、好的译文的直觉反应。也就是说，翻译教学的目的就是通过创造真实的情境，帮助学生构建对翻译的个体体验，形成思维习惯和直觉反应。

虽然阿罗约和罗宾逊的教学思想有不同的侧重点，但他们两个都解构了教师的权威性和专家译文的权威性，强调注重培养学生的自我观念，突出对学生个体差异的尊重。

三、基于篇章语言学的翻译教学理论

翻译离不开对双语文本语篇特征的分析，文本分析是翻译教学的一个重要内容，因此，从篇章语言学的理论角度寻找翻译教学的方法也是翻译教学研究者的研究领域之一。

篇章语言学以大于句子的结构单位为研究对象，对语篇的意义结构和组织方式进行多方位、多角度的研究，文体特征、修辞方法、话语分析等都是篇章语言学的研究对象。巴兹尔·哈提姆和伊恩·梅森认为，翻译与对比语言学和话语分析有一定的联系，翻译还增加了对比语言学和话语分析研究的深度与广度；翻译是一种跨语言、跨文化的动态交际过程，译员需要同时考虑源语语篇和目的语语篇的篇章特征，并在两者之间进行动态的转化。

保罗·库斯茂提出翻译教学还应吸取描写文体学、言语行为理论、文本类型学等语言学理论的精华，为提高翻译教学质量服务。翻译是一个主观性较强的过程，无论是对原文的理解过程，还是对译文的创造过程，都具有创造性的特点，都是译员在源语文本和目的语文本的基础上进行的创作。因此，翻译必须考虑诸多语篇因素对文本产生的影响。同时，翻译也是一种跨文化交际的过程，意义是在文本中构建起来的。除了语篇内部的因素之外，语篇外部的语用层面因素同样也影响着意义的构建。因此，翻译教师在教学过程中需要创设交际情境，让学生掌握语篇内部因素与语用层面的各种因素是如何影响翻译交际的。

四、功能主义理论的翻译教学理论

克里斯蒂安·诺德是功能翻译理论的代表人物之一。除了注重翻译理论的研究之外，诺德也非常重视功能翻译理论在翻译教学中的作用。

诺德认为，翻译教学应处理好理论与实践的互动关系。翻译教学应以应用性为导向，从实践中总结经验，然后上升到理论高度，最终用于指导翻译实践。译者需要对原文的文体特点和文本功能进行分析，可以按照翻译目的的要求，忽视那些不符合目的语文体特征的语言表达方式。基于这种理念，在翻译教学中，教师应提供真实的文本和文本交际的信息，让学生在真实的交际情景中根据实际情况对可能出现的翻译问题进行分类，然后根据翻译目的进行翻译并评估译文的质量。

五、基于语料库的翻译教学理念

上面介绍的几种翻译教学理论或理念都偏向于定性研究，理论性较强，而应用性较弱。随着语料库语言学的发展，学者们试图利用这一领域的研究成果，构建起适用于翻译教学的语料库，帮助学生分析源语语篇和目的语语篇的文体特征，培养学生的语篇意识，并且利用语料库工具在定量的基础上对学生的译文质量进行测试和评估，最终利用测试结果改进翻译教学。

蒂姆·约翰斯提出了语料库驱动的学习模式。随着近些年计算机技术的飞速发展，语料库语言学的研究成果颇丰，但语料库语言学在翻译教学中的应用仍有较大的发展空间。目前，语料库在翻译教学中的应用主要是术语库的构建、文体特征的分析、学生译文的评价等方面。但在教材编写方面，仍然乏善可陈，教学材料的挑选仍然较多地依赖教师的教学经验和翻译实践经验，主观性较强，较少利用语料库提供的客观数据。语料库研究的成果更多地用于翻译产品的分析，较少用于学生翻译能力发展进程的分析，对学生翻译能力发展进程的评估仍然依赖教师的主观判断和教学经验。语料库语言学能够为翻译教学提供更多的客观数据，但目前还没有形成一个用于指导翻译教学的完备系统，因此在对教学设计、教学方法的指导上表现得不够突出。

目前，翻译活动越来越离不开计算机技术的应用，随着计算机技术的日新月异，翻译教学与依赖计算机技术的语料库语言学相结合，有较大的发展空间。

未来的翻译教学，既离不开翻译教师的主观经验，又需要依靠语料库语言学提供的客观数据，二者相结合能够为分析学生的翻译能力发展情况提供更准确的数据，在学生翻译能力的培养上发挥更大的作用。

翻译教学既可以吸收二语习得研究的教学成果，也可以吸收翻译理论的研究成果，还可以吸收语言学、心理学、社会学等学科的研究成果，因此翻译教学的理论和理念非常丰富，上文提到的仅是几种比较有代表性的翻译教学理论或理念。

第二节　英语笔译教学过程

根据穆雷、李希希的翻译研究学科框架，教学过程分为教学理念、教学体系、课程设置、教学模式、教学方法和教学内容几个方面。目前笔译教学中存在哪些问题？教学过程中使用哪些方式和手段可以提高学生的笔译能力？如何才能有效地改进笔译教学？这些都是笔译教师必须要思考的问题。针对这三个问题，本节对国内笔译教学过程及研究现状进了梳理，对其发展趋势进行了探究，对开展笔译教学提出了改进意见以期为笔译教学带来启示。

一、本科翻译专业笔译教学现状

从2006年国内成立翻译本科专业以来，中国的笔译教学取得了长足进步。尽管如此，有些高校的笔译教学在教学理念、教学内容、教学方法和模式等方面远远落后于当前翻译人才培养的要求，制约了翻译本科专业的进一步发展。

首先，教学理念落后。教学理念直接关系到教学效果，科学的教学理念会促进教学目标的顺利实现。目前有些翻译专业的教师在教学过程中仍然坚持以教师为主、学生为辅的教学理念，把学生看作知识的被动接受者和灌输对象。这种教学理念遏制了学生的学习主动性，使教学效果大打折扣。

其次，教学内容陈旧空泛，与市场需求严重脱节。许多翻译专业笔译课程从翻译的定义、性质、标准、过程、英汉语言对比入手，按照词语、句子、段落、篇章的层次，通过实例给学生传输各种翻译技巧。这些实例的时效性差，与现实脱节严重，导致学生在遇到现实中翻译实例时，其译文往往会出现这样或那样的问题，整体质量不高。

最后，教学方法不够丰富，教学模式较为传统。很多笔译课堂仍然沿用“课堂讲解＋作业讲评”“教师提问＋学生回答”的传统教学模式。教师在课堂上讲解翻译技巧、列举典型例子，课后布置书面作业、批改作业、给出等级评定，最后在课堂上讲评“标准译文”。这种教学模式和方法忽略了师生间的互动，以结果评价为主。

笔译教学之所以存在上述问题，主要原因在于部分高校未厘清教学翻译与翻译教学之间的区别。教学翻译与翻译教学在学科定位、培养目标、指导思想、教学目的、交流目的、翻译标准、教师要求、语言要求、教学体系、教学重点、使用工具、培养意识等方面都存在差异（见表 4-1）。从笔译教学过程来看，教学翻译重视英语语言技能的训练，把具体的笔译练习作为提升语言水平的手段和工具，教学内容多关注知识点，教学方法以教师讲解为主；翻译教学重视笔译实践操作能力，教学内容具有操作性强的特点，教学方法多以学生为中心，教师会设计各式各样的任务交由学生完成。

翻译教师未能明确教学翻译与翻译教学的差异，因而在学科定位、培养目标、指导思想方面会不可避免地出现偏离翻译教学要求的情况。这种背离导致的结果之一便是教师的教学理念不符合翻译教学的实际，在教学模式和教学方法的选择以及教学内容的组织等方面脱离了翻译教学的要求，教学效率低下。一些原本应该提高翻译能力的课程被上成提升语言能力的后续课程，教师疲惫不堪却收效甚微，学生也觉得兴趣不大，造成人力、财力和时间精力的大量浪费。

表 4-1　教学翻译与翻译教学的对比

	教学翻译	翻译教学
学科定位	语言学—应用语言学—语言教学	翻译学—应用翻译学—翻译教学
培养目标	培养合格的英语人才	培养合格的专业翻译人才
指导思想	重英语语言技能训练	重口笔译实践操作能力
教学目的	通过翻译学英语	培养职业口笔译员
交流目的	用英语进行沟通	在两种语言之间进行转换
翻译标准	绝对忠实原文	满足客户需求
教师要求	要求教师具有较强的语言运用能力	要求教师具有丰富的翻译实践经验
语言要求	强调英语语言应用能力	英语和母语应用能力并重
教学体系	封闭式（教师、学生）	开放式（市场、社会）
教学重点	学术训练＋翻译能力	翻译能力＋译者能力＋服务能力
使用工具	主要依赖字典	使用网络等技术信息查找信息
培养意识	学术意识、读者意识	市场 / 客户 / 服务意识＋职业操守

二、翻译本科笔译教学过程研究

对中国英语类学术期刊翻译研究论文的统计分析表明：笔译教学过程研究的焦点在教学模式、教学内容和方法上。笔译教学的目标是培养专业笔译人才，核心任务是培养学生的笔译能力。如何培养学生的笔译能力？教学过程中使用哪些特定方法可以提高学生的笔译能力？为了更好地开展笔译教学，笔者对国内笔译教学模式和教学方法进行了总结，在此基础上探究其发展趋势。

教学方法是教师和学生为实现共同的教学目标、完成共同的教学任务，在教学过程中运用的方式与手段的总称。教学模式是在教学实践中基于教学形式和方法的系统结合而产生的一种综合性的形式，是在一定的教学思想或教学理论的指导下建立起来的较为稳定的教学活动结构框架和活动程序。

（一）以学生为中心的教学模式

以学生为中心的教学模式主要包括比较翻译教学法，“翻译工作坊”教学法，“交互式”翻译教学模式，过程教学法，合作式、批评式教学模式，项目任务教学模式等。这些教学模式鼓励学生参与翻译教学过程，通过对译文进行自评、互评、教师参评总结等多种形式升华翻译理论，培养学生的翻译能力。

其中，项目任务教学法是以项目为依托，以任务为驱动的教学方法。项目任务教学法以建构主义学习理论为主要理论基础。该理论认为，学习是一种学习者积极主动地建构知识的过程，而不是学习者被动地接受知识的过程；是学习者在新知识内部和新旧知识之间建立联系的过程。项目任务教学法以学习者为中心，教师以组织者、帮助者、指导者和促进者的身份指导和帮助学生通过协作完成真实的翻译项目，完成学习者对知识的构建，最终提高学习者的翻译能力。

俞碧芳从教学目的、教学内容、教学环节三个方面建构了“学生 + 教师 + 翻译项目”三位一体的笔译教学模式（如图 4-1）。其中，学生是主体因素，以学习小组的形式寻找翻译项目、查找资源、记录翻译日志、进行小组讨论及组间互评，共同完成翻译项目。教师充当组织者、指导者的角色，对学生进行翻译培训、布置课程任务、对学生进行分组、发挥“支架”作用、对学生的译文进行归纳评价、实施多维评估考核方式，在此活动中与学生进行充分的互动。

这种笔译教学模式强化翻译理论习得，有利于学生自觉地掌握翻译方法和知识。在翻译项目的完成过程中，学生要与客户沟通，与作者沟通，与译文读者沟通，其职业能力及相关的翻译知识能力、双语能力等会得到提高。俞碧芳把这种新的笔译教学模式运用于翻译教学实验，并对实验结果进行了实证分析。

实证结果表明学生的翻译能力、自主学习能力、翻译职业能力和思辨能力都得到了提高，从而证明了基于这种教学模式的笔译课程的有效性。

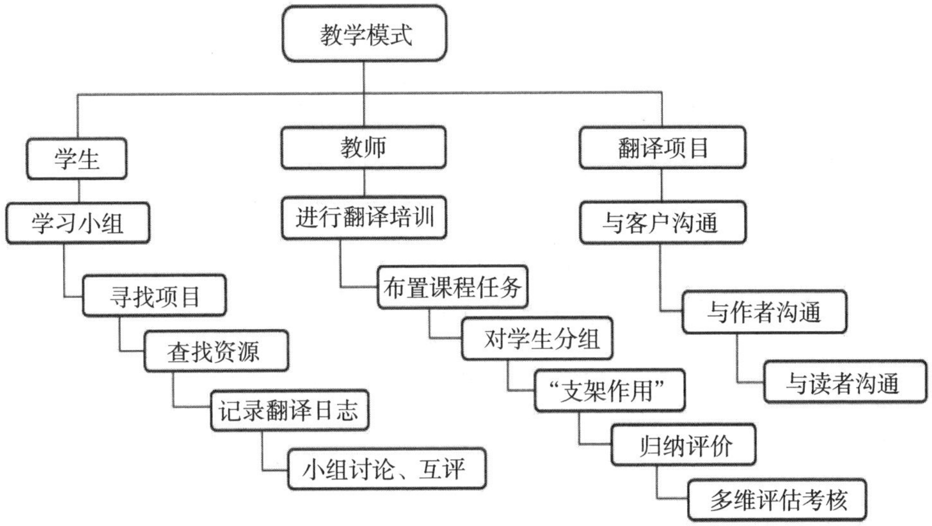

图 4-1　基于项目任务教学法的笔译教学模式

（二）体验式教学模式

体验式教学模式所提倡的教学理念就是学习者通过在真实或模拟的英语学习环境中的具体活动，获得语言体验和感受，并通过与其他学习者交流和分享学习体验，进行反思、总结，最终再回到学习之中去。体验式教学以学习者为中心，关注学习者的个性需求和个性化的学习风格，主张通过师生和生生合作，培养学生学习的主动性、探究意识和社交能力。在翻译教学中，体验式教学模式的构建主要通过建立翻译工作坊、建设翻译网络平台、举办翻译竞赛、撰写翻译赏析等丰富多彩的课外活动来实现。

其中，基于翻译实训平台的笔译综合教学模式受到越来越多的重视。很多高校尝试把在线网络翻译实训平台融入笔译教学，在线下进行课堂教学的同时，开展线上翻译实训活动，构建一种笔译综合教学模式。其中，课堂翻译教学为线上翻译实训活动提供翻译知识以及技巧指导，翻译实训平台则为笔译实践教学提供商业化的模拟练习环境、真实翻译项目资源、记忆库、术语库以及供学生平时练习的双语平行语料库。

翻译实训活动以小组为单位开展，小组成员轮流担任译员、审校、项目经理、质检和排版的角色（见图 4-2、图 4-3），他们通过翻译平台的“人机模拟实训”

熟悉系统工作方式，在各自的小组里以项目或任务的方式进行实际翻译练习。教师既是翻译项目的管理者、课堂活动的组织者，也是学生的示范者、协助者。相关实验结果表明这种线下线上混合式的笔译教学对学生学习自主性的提高和学生协作能力、笔译潜能的增强都有促进作用。

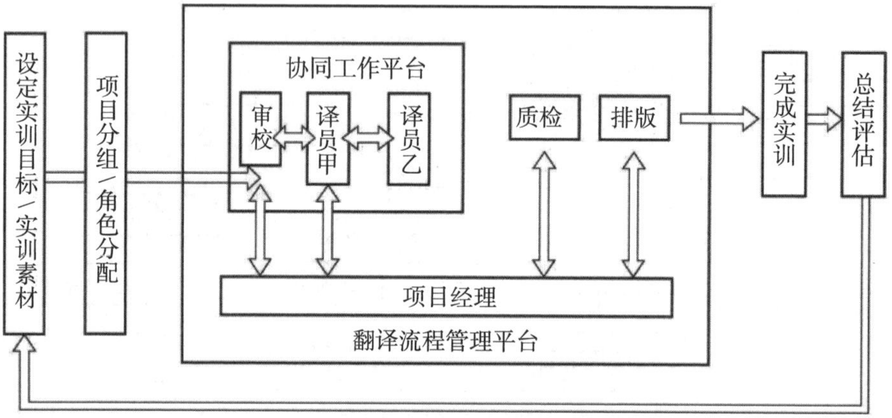

图 4-2　翻译实训平台角色承担及流程图示

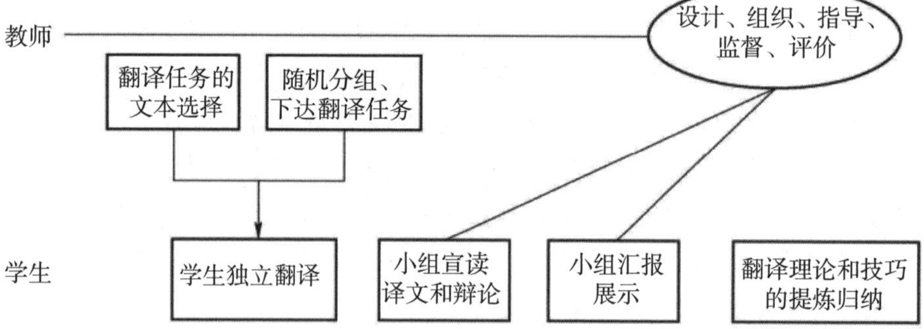

图 4-3　课堂教学操作流程图示

（三）基于语料库的翻转课堂模式

语料库作为一种教学资源和现代化翻译工具，能够为翻译教学提供丰富的翻译案例。翻转课堂模式以自主学习为导向，强调知识的主动性建构，与将语料库应用于翻译教学的发现式学习有契合之处。赵晓玉、雷晴玉尝试通过将语料库应用于翻转笔译教学的各个环节，实现学生翻译能力的自主建构。

在课前环节，教师根据教学要求分析和梳理本节课的知识点，并根据学生的学习特点编辑知识点内容，其中，理论部分参考教材，翻译实例则从语料库中抽取，筛选例句时考虑学生的语言理解能力，坚持由易到难、由浅到深的原则。教师将编辑的知识点内容配合讲解录制成短视频。视频的后半部分应辅以难度适中、题量适当的习题以检查学生对知识点的理解。学生通过网络平台完成课前学习目标，将习题的解答情况通过电子文稿反馈给教师。教师分析学生对知识点的理解情况，并在此基础上结合语料库安排课堂教学互动环节。

在课堂教学环节，教师首先布置本节课的任务，组织学生进行分组讨论，引导学生深入思考分析课前环节存在的问题。教师可以选取语料库中的典型实例，组织学生进行讨论，使学生获取间接翻译经验；也可将学生课前翻译练习的典型案例作为讨论内容，让学生在对自己的译文进行讨论和比较的基础上，从实践层面深化理论理解，掌握翻译技巧，获取直接翻译经验。教师在此环节中可安排适当比例的、难度较高的翻译实例，对课前知识点进行拓展和加深。教师要承担好组织者、引导者的角色。需要注意的是，在这一环节教师要帮助学生构建系统化和整体化的知识框架，避免学生学到的知识过于零散、不成体系。

在课后复习巩固环节，教师通过学生的课堂体验反馈可了解到他们对知识点的掌握情况，再根据课堂效果从语料库中选取语料，将其改编为不同形式、不同难度的习题，满足不同学习层次的学生完成翻译练习的需要。教师还要对学生的学习效果进行评估，对教学经验进行总结。学生则根据自己的学习水平选择相应的习题进行练习，总结学习心得，并上传到网络平台以便师生和生生进行交流，最终促进学生改变陈旧的学习观念。

基于语料库的翻转课堂模式丰富了笔译教学资源，保证了教学内容的时效性。另外，该教学模式的可操作性强，能让翻译教学的每一个环节更加精细化、更具有针对性。教师不仅可以对学生的学习情况进行及时跟踪，还可以随时根据学生的反馈有针对性地调整下一步的教学计划，这不仅有利于教师提高备课质量、有效组织课堂活动，也有利于师生间的互动与学生间的交流，有利于创建和谐的教学氛围。

（四）“体验－建构融通式”教学模式

“体验－建构融通式”笔译教学法是在整合体验哲学和建构主义教学理论观的基础上提出的，该教学模式强调教学内容的体验性，题材的广泛性，实例的典型性、鲜活性、趣味性和激发潜能性；力求教学手段多模态化、解析过程生动形象化、角色互动化、情感体验化；主张建构体验语篇语境，填补语言结构空白；主张建构经验模块，让学生体验和深刻理解历时社会文化语境关联下语言所摹写的现实情境，在学习过程中获得新理念，开发心智思维。

马海燕、曾利沙通过案例解析展示了该教学模式在以问题为导向的笔译教学中的运用，认为该模式可以让学生体验到语言翻译的社会化和生活化，可以让学生深入认识语篇词句的认知机制和规律，并学会利用社会文化建构相关的知识图式，利用语境参数进行认知补缺和图式完型，感受翻译的乐趣和美感形态，从而激发学生的学习兴趣，提高他们的探究性思维能力，加强他们自主分析问题和解决问题的能力。

三、对翻译专业笔译教学的建议

结合目前翻译本科专业笔译教学实际，吸取上述研究中的有益经验，笔者对高校笔译教学提出了以下建议。

（一）树立科学的教学理念

建构主义学习理论为我们开展翻译本科基础笔译教学提供了理论依据。依据这一理论，知识的获得不是教师讲授的结果，而是学习者在社会文化背景下，借助他人（教师、学习伙伴、网络交流者等）的帮助，利用必要的学习资料，通过意义建构的方式获得的。学生是学习的主体，是知识意义的直接建构者，教师是学生学习的引导者、帮助者、促进者，而不仅仅是知识的传授者和灌输者。因而教师在教学中要树立起以学生为本、以教师为主导的教学理念。

（二）明确教学目标

笔译课的教学目标是提高学生的翻译能力，而非提高学生的语言技能。具体而言，笔译教学从职业需求出发，主要包括三个方面的内容：语言知识、百科知识（尤其是国际政治、经济、法律等领域的知识）、翻译技能训练（包括翻译职业知识）。通过笔译课的学习，学生应该熟悉翻译基础理论，掌握必要的翻译技能，并熟练运用这些翻译技能进行相关翻译实践。

（三）完善教学内容

笔译员的知识结构应该包括三个板块：语言知识板块、百科知识板块和技能板块，笔译课的教学内容也应围绕这三个方面有重点地展开，引导学生循序渐进地学习笔译课程，实现翻译技能训练和翻译能力培养的协调发展。为此，教师在教学中要处理好以下三个方面。

首先，教师在笔译教学中应将翻译理论教学和翻译实践结合起来。在这一过程中，教师需要处理好翻译理论和实践的比重，兼顾理论学习和技能训练。

其次，教师要做好资料补充与教材建设。目前的笔译教材基本是以理论为基础、以技巧应用为框架设定的，内容时效性较差，译例的题材有限。教师可根据学生水平，从语料库中筛选恰当的语料作为课堂补充资料，同时积累材料并及时更新内容，形成一套由浅入深、符合学生水平、适应市场需求的校本教材。同时，教师在课堂上和课后要引导学生恰当地使用语料库。

最后，教师应把解决各种常见的难点和重点问题作为教学重点，任何理论认识和技法都应围绕这些问题展开。目前的教学内容还停留在对增词法、减词法、引申法、正说反译、反说正译、重译法、词序调整法、分译法、词类转换法等翻译技巧的探讨上，而对多义性、隐喻性、跨域性、概念语义缺省、命题结构缺省、语境等重要问题关注不够，而这些才是翻译教学中的重要问题，只有解决了这些问题，才能有效提升翻译专业学生的翻译能力结构和整体素养。

（四）改进教学方式

笔译课堂要建立健全综合性的教学模式，将课堂学习、合作学习和课外学习有机地结合起来，保证笔译技能培养的持续性及有效性。

笔译教学要开展形式多样的教学活动，采用任务教学法、项目教学法、案例教学法、模拟教学法、多媒体网络教学法、计算机辅助教学法等多种方法。教师可以根据不同的教学内容、教学目的和要求，选择相应的教学方法，充分调动学生的学习积极性，激发学生的学习兴趣，最大限度地让学生参与翻译的全过程，让学生在实践中体验翻译技巧和翻译理论的应用。

笔译教学要充分利用现代化信息技术手段。教师要引导学生建立利用新兴翻译技术的意识，培养他们利用网络资源以及各种现代翻译工具的能力。另外，教师应主动运用网络信息技术，搭建笔译自主学习平台，让学生充分利用各种网络学习资源，尤其是精选的教学配套学习资源，进行翻译实践练习，通过自主学习，主动建构知识。

（五）丰富评价手段

教师对教学的评价应采用形成性评价和终结性评价相结合的方式。

首先，教师带领学生完成翻译任务后，可以将小组互评或学生互评与教师评定相结合，一方面可以提高学生参与课堂的积极性，提高其竞争意识，另一方面可以让学生在讨论、评价的过程中更深入地理解任务意图、翻译技巧、译文标准等。

其次，教师可以引导学生在完成任务、项目之后定期撰写学习日志，就自己如何进行笔译工作、采用何种翻译技巧、对笔译有何感想等问题进行思考分析；要求学生在学期末撰写一篇心得体会，对本学期学到的技巧知识、感想等进行总结。教师将这些学习日志和心得体会纳入考核系统，有利于学生及时对翻译工作进行总结反思，避开学习误区。

最后，基础笔译期末考试题型可以更加多样化，加入单选题、判断题、分析题等，以更加全面地考查学生对文章的理解能力、对技巧使用的判断能力和对译文质量的分析能力。

笔译教学是翻译本科专业课程教学体系的重要一环，针对目前笔译教学在教学目标、教学内容、教学方法、教学评价等方面出现的问题，笔者提出了有针对性的解决方法，这对改进基础笔译教学、提升教学质量具有重要意义。

第三节　笔译教学线上资源

当今世界，移动通信技术飞速发展，计算机、手机、平板电脑等电子设备的广泛应用极大地缩短了人与人之间的物理距离。无线局域网（WLAN）使电子设备能够互通互联，形成了一个资源共享的网络体系。

科学技术的飞速发展给教学模式带来了新的挑战，课堂教学摆脱了时间和空间的限制。学生可以重复学习教学内容，也可以在除教室之外的其他空间内学习。

笔译类课程实践性较强，除了要进行知识性的讲授之外，还需要培养学生的翻译能力。此外，学生的翻译水平参差不齐，笔译类课程要利用好线上资源最大限度地满足各类学生的学习需求，就必须对现有的线上资源进行科学的整合。

一、线上教学与线下教学的对比

（一）时空

传统的课堂教学往往受到严格的时空限制。传统课堂具有不可逆性，学生只有一次机会听教师的讲解，即便学生没有听懂，或者笔记没有记全，也没有机会再听一遍。人的注意力集中的时间有限，学生在高校里学习的内容又具有一定的挑战性，因而在课堂上完全理解所有知识是有一定难度的。此外，学生在高校课堂里只能听一位教师的授课，如果想听其他学校的教师讲课，只能到其他学校，比较耗费精力。如果与本校课程的时间冲突，学生还要面对非此即彼的两难选择。总的来说，学生听课的时间和空间不受自己控制，只能由学校来安排。

线上教学摆脱了时间限制，因为线上课堂具有可逆性，学生可以无限次地回放讲课内容。线上教学还打破了空间的限制，学生如果想学习其他学校的课程，只要有线上资源，在任何地点就都能学习，他们甚至可以听到世界名校知名教授的授课。最重要的是，学生可以根据自己的实际情况自由安排学习时间和地点。

（二）技术

传统课堂教学对技术没有太高的要求。虽然当代教师基本都能利用 PPT 进行教学，不再完全依赖粉笔，很多高校也鼓励教师利用课堂管理平台对课堂进行高效管理，但对学生来说，只要有笔、有本、有书就可以。

开展线上教学有一定的技术要求，最基本的条件是要有电子设备和高速网络。如果用手机的话，必须选择智能手机；网络至少是 WLAN 或 3G，而 2G 网络的传输速度较慢，满足不了高速传递图像的要求。除了基本的硬件条件之外，为了提高教学质量，教师还可以请专业的制作团队来制作课程视频。无论是学生还是教师，都需要一定的资金支持来满足这些技术要求。

（三）内容

传统课堂能利用的资源比较单一。传统课堂有固定的教师，如果有两位以上的任课教师开设同一门课，学生可以从中选择一位；如果只有一位任课教师，学生就别无选择。传统课堂所讲授的内容也基本固定，在同一个班听同一门课的学生听到的内容是相同的，学生不能自由选择自己想学的内容。

线上教学能利用的资源比较丰富。来自不同学校的数位教师可能同时开设同一门课程，学生可以根据自己的喜好任意选择。每位教师的授课内容也可能不同，学生同样可以根据自己的喜好和知识水平进行选择。

二、笔译教学内容的特点

与英语语言文学专业、翻译专业的其他课程相比，笔译类课程有其独有的特点。无论是精读、泛读、语法等基础课，还是语言学、文学、文化学等专业课，大多以知识讲授为主。笔译类课程虽然也会讲授一些与翻译有关的知识，如翻译理论、英汉语言的差别等，但知识性的内容并不是授课的重点。如果缺少实践练习，理论掌握得再熟练，学生的笔译能力也无法提高。

从理论上来讲，笔译教学以培养学生的笔译能力为最终目标，而笔译能力又以双语的运用能力为基础。双语的运用能力不是一朝一夕能够掌握的，而是需要长期的积累；此外，不同学生的双语运用能力又有一定的差别。以上两个因素使得笔译教学比其他科目的教学复杂得多，教师需要兼顾多种因素。

（一）兼顾翻译技巧与翻译能力

翻译技巧是指两种语言之间的一般转换规律，是从翻译实践中通过对比两种语言的异同点概况、总结出来的。这些技巧有重译法、增译法、减译法、词类转换法、词序调整法、分译法、正反翻译法、语法变换法，等等。翻译技巧一般关注句子层面的转换规律。

翻译能力是翻译教育的核心要素之一，是我国培养高级翻译人才的目标。虽然国内外多位学者在翻译能力的阐释上仍未达成致，但有一点可以确定，翻译不仅仅是两种语言句子层面的转换，翻译能力包含语篇处理能力、信息处理能力、语域能力、文化能力、搜索 / 研究能力等多个方面。

翻译技巧是翻译能力的基础，笔译教师在教学过程中既要讲授一定的技巧，又要着眼于培养学生的翻译能力，同时还要根据学生的实际情况适当调整二者之间的比例。如果学生的语言水平较高、自学能力较强，教师可以给学生布置课外任务，让学生自学一部分翻译技巧，课上以培养学生的翻译能力为主。如果学生的语言水平有待提高，且自学能力有限，教师需要在课上提高翻译技巧的讲授比例。翻译技巧知识性较强，较易掌握；而翻译能力的培养则需要教师设计好教学场景，选择恰当的语料，并给出及时、恰当的反馈。

（二）兼顾翻译理论与翻译实践

中国的翻译教育始于偏理论的翻译学，以翻译实践为主的翻译教育则是近十几年才逐渐发展起来的。翻译理论源于翻译实践，翻译实践离不开翻译理论。尽管翻译实践不一定完全依赖翻译理论，但是翻译理论必然是从翻译实践中总结出来的，它既能指导实践，又能在实践中得到检验。

笔译教师要兼顾翻译理论与实践。完成大量的翻译实践的确能够提高学生的翻译能力，但是如果完全不顾翻译理论，而让学生自己领悟双语转换的规律，那他们翻译能力提高的速度可能会比较慢。因此，教师在课上需要讲解一些翻译理论知识，并与翻译实践相结合，让学生了解如何把翻译理论应用于翻译实践，以此提高译文的质量。教师还应分配好理论与实践的比例，设计好互动任务，培养学生自觉应用翻译理论的意识。

（三）兼顾高水平与低水平学生

学生双语能力的差异在笔译教学中体现得最为明显，对教学进程、教学质量的影响也最大。

低水平的学生对翻译技巧的掌握可能还不够熟练，需要做大量的翻译练习来巩固其双语句子转换技能。而那些水平较高的学生很可能已经能够做到句子层面的顺畅转换，由于自身的双语能力较强，即便没有学过多少翻译技巧，也能做到最大限度地减少翻译腔，用符合目的语的表达方式把源语的意思表达出来。对于这些学生来说，过多的翻译技巧讲授并不能让他们最大限度地从课堂中受益，反而会因为授课内容缺少挑战性而令其失去学习兴趣。教学内容的设计需要兼顾不同水平的学生。以一篇翻译实践的讲解为例，教师既要进行翻译技巧的知识性讲解，又要设计语篇特点分析、语域特点分析、文化知识传递、术语搜索任务等内容，从多方面提高学生的翻译能力。此外，在设计每个大的任务如语篇特点分析时，教师应将其拆解成多个互相之间有联系的小任务，按照思辨能力的发展规律设计衔接紧密、层次递增的教学任务。

（四）兼顾通用领域与学生兴趣

译员常被称为“杂家”，除了熟练掌握两种语言的词汇、语法、篇章知识之外，还要对各个行业的知识有所了解。虽然译员不是经济学家，却需要掌握经济学领域的基础知识；虽然译员不是律师，却得了解法律知识和专业术语。笔译员除了具备通用领域的双语转换技能外，还要了解特定领域的术语和语篇特征。

笔译教师既要培养学生通用领域的双语转换能力，又要兼顾学生感兴趣的领域，帮助学生拓宽知识面。但课时总是有限的，对多个领域进行全面讲解似乎并不现实，这就需要教师利用好现有的网络资源，给学生提供有针对性的材料，指导学生在课下完成相关的学习任务。

三、笔译教学的线上资源

笔译教学的线上资源主要是从教育部推荐的 22 个教学平台以及网易公开课中选出的，平台名称见表 4-2。

表 4-2 在线教学平台列表

序号	平台名称	序号	平台名称
1	爱课程（中国高校 MOOC）	12	高校邦
2	学堂在线	13	优学院
3	智慧树网	14	人民网公开课
4	学银在线	15	智慧职教
5	超星尔雅网络通识平台	16	高校一体化教学平台
6	人卫慕课	17	正保云课堂
7	优课联盟	18	浙江省高等学校在线开放课程共享平台
8	好高校在线	19	安徽省网络课程学习中心平台
9	融优学堂	20	重庆高校在线开放课程平台
10	华文慕课	21	实验空间——国家虚拟仿真实验教学项目共享平台
11	中国高校英语慕课平台	22	EduCoder 在线实践教学平台

挑选课程时，笔者首先在每个平台上分别搜索“翻译”和“笔译”两个关键词，然后再从搜索到的课程中除去其他语种的笔译课程，同一平台上出现两次以上的课程只算作一门课程，出现在多个教学平台上的课程也只算作一门课程。

以 2020 年 2 月 29 日为时间节点，在对教育部推荐的 22 个教学平台和网易公开课上的课程进行筛选之后，笔者共找到 55 门笔译类的在线课程资源，之所以增加了网易公开课这个平台，是因为考虑到笔译类课程实践性、技术性较强的特征。笔译类课程实践性强，职业译员的讲解可能比高校教师的讲授更具有可操作性；笔译类课程技术性强，并且翻译技术的发展日新月异，从事翻译技术的专业人士的讲解更能跟上时代的发展。而网易公开课这个平台提供了多门由职业译员和翻译技术专业人士主讲的公开课。

绝大多数笔译类在线课程的开课机构为高校，只有少部分课程的开课机构为翻译公司或翻译培训机构。人们普遍认为，英语类院校中翻译类课程的教学质量一般处于较高的水平，但从线上课程的开设情况来看，只有上海外国语大学开设了两门笔译类的线上课程，分别是“商务英语笔译”和“翻译有道”。此外，北京语言大学与东北大学合作开设了一门线上课程——“机器翻译原理简介及其应用”。北京外国语大学是英语类院校的翘楚，但即使在其参与主办的中国大学英语慕课平台上，也暂时没有该校教师主讲的笔译类在线课程。广东英语外贸大学、西安外国语大学、北京第二外国语大学、四川外国语大学、天津外国语大学、大连外国语大学均没有在入选的 22 个平台和网易公开课上开设线上课程。中国要向世界讲好中国故事，急需培养高水平的翻译人才。拥有较好师资条件的英语类院校在开设笔译类线上课程方面，尚未发挥出自身的潜力。

现有的笔译类在线课程主要分为四类：理论课、技术课、通用翻译课、专门领域的翻译课。除此之外，还有一些课程与全国翻译专业资格考试（CATTI）挂钩。

理论课程目前仅有“翻译导论”（中南大学）一门。技术类课程有三门：“机器翻译原理简介及其应用”（北京语言大学 + 东北大学）、“计算机辅助翻译原理与实践”（北京大学）、“翻译与本地化工程”（北京大学），这三门课程既有理论讲解，又有实操训练。特别需要指出的是，北京大学上线了“翻译与本地化工程”这门课。本地化是指企业在国际化过程中，为了提高市场竞争力，将产品按照特定的国家 / 地区或语言市场的需要进行组织，使之符合特定市场的需求。本地化与翻译息息相关，又不仅限于翻译领域，是近年来语言服务领域业务量增长较快的一个板块，但因师资缺乏，本地化又是各大院校翻译教育的短板。北京大学开设的这门网课有助于推广本地化课程的教学。

专门领域的翻译在线课程主要涵盖以下这些领域：商务、科技、旅游、文学、学术、医学、影视。其中涉及商务领域的最多（18 门），科技领域的次之（3 门），其余均各有一门。

以通过考试为主要目的的笔译在线课程主要有 9 门，其中有 8 门针对 CATTI 三级笔译和二级笔译考试，一门针对翻译硕士的入学考试。

四、如何利用笔译类课程的线上资源

（一）利用线上资源讲解翻译技巧

翻译技巧总结概括了英汉两种语言转换的规律，属于知识性的讲解。与翻译能力的培养相比，翻译技巧更适合学生在线学习，教师可以选择江西财经大学在爱课程平台上开设的“翻译理论与实践”，或选择这门课程的部分内容让学生自学。该课程从英汉两种语言的差异出发，较详细地讲解了英汉两种语言的转换技巧，例如，重复法、增词法、减词法、省译法、分句法、合句法、正译法、反译法、无主句的翻译等。除此之外，该课程还讲解了如何确定词义，如何通过语法分析和逻辑分析理解语义等在翻译过程中必不可少的步骤。

教师利用线上资源讲解翻译技巧，其主要目的在于节省学时，夯实基础。

在进行线上线下混合教学时教师应注意以下几点。

首先，每次布置的任务要适量。如果因为任务量太大而占用学生过多的课下时间，就容易使学生产生厌烦情绪。

其次，要给出必要的自学指导。教师可以为每节网课设计一张检查表，让学生自查是否已掌握了列出的知识，还可以给出一些自测题让学生在听完线上课程后完成。

最后，要利用好课上的交流时间。教师可以在课堂管理平台上设计一些投票题，让学生选出自学中遇到的难点，在课堂上集中讲解。或是给出一些译文，让学生找出其中的翻译技巧。此外，在课堂上教师还可以设计一些翻译失误，让学生根据线上学习到的知识进行审校和修改。

（二）利用线上资源讲解翻译理论

翻译理论来源于翻译实践，又用于指导实践。本科翻译理论课的教学内容主要分为两种类型：一种是与翻译相关的基础知识，例如，翻译的重要性、翻译的主体、翻译的过程；一种是抽象的翻译理论，例如，翻译的定义、翻译的标准、翻译的策略。

本科阶段的翻译理论课基本不涉及完整的翻译理论体系。国内主要有两家出版社出版过翻译本科专业系列教材，分别是外语教学与研究出版社、上海外语教育出版社。在翻译专业本科教学中，这两家出版社出版的教材使用率最高。前者出版的《翻译通论》与后者出版的《翻译概论》都是翻译理论方面的教材。在讲解翻译的标准时，两本教材虽然都提到了功能翻译理论，但都只用了一页左右的篇幅简单地讲解了一下“功能加忠实”的标准。至于该理论的发展史以及最核心的理论知识，例如，功能主义翻译批评理论、目的论、翻译行为理论等，两本教材都没有予以详细讲解。翻译理论的完整体系要到硕士阶段才会涉及。

相对来说，本科阶段翻译理论课的基础知识较简单，学生在线上基本能够完成对这部分内容的学习。教师利用线上资源开展翻译理论知识的教学，难点在于怎样结合线上与线下教学帮助学生掌握抽象的理论知识，并将其灵活应用，以指导翻译实践。讲授抽象翻译理论的目的不是让学生死记理论内容，而是让学生能够运用翻译理论解决翻译中的问题。教师可以指导学生通过线上课程了解理论的内容，而线下教学则以理论的应用为主。以翻译的标准为例，不同流派的标准不同，同一篇译文用不同的标准来评价可能会得出不同的结论。教师可以挑选一些译文，设计一系列对译文进行评价的问题，引导学生用学过的理论知识对译文进行评价，同时针对学生的评价给出反馈。

从目前收集到的线上资源来看，有关翻译理论的专门课程较少，只有中南大学在爱课程平台上开设的“翻译导论”，这门课程由五位教师主讲。讲过翻译理论课的教师可能都有这样的感受：因受自身研究领域的限制，部分理论内容只能浅尝辄止。翻译理论众多，每位教师可能只精通某一个或几个流派的理论，或只精通某个方面的翻译理论。集每位教师所长，每位教师都讲自己擅长的领域，比较符合线上授课短而精的要求。此外，这门线上课程基本涵盖了本科阶段需要掌握的翻译理论知识，授课内容比较全面。教师可以根据自己的实际情况安排线上和线下授课内容的比例。对于自己并不擅长的内容，教师可以安排学生进行线上学习，并加强线下的监督。而对于自己擅长的领域，则应以线下教学为主。

（三）利用线上资源讲解特殊领域

翻译专业教学面临的普遍问题之一是师资缺乏。中国翻译专业的开设时间较短，自 2006 年 6 月教育部批准设置翻译本科专业以来，只有短短十几年的时间。现有的教师绝大部分接受的是传统的翻译理论教育，缺少翻译实践经验。虽然翻译专业的任课教师正在努力实现转型，但也需要一定的时间。此外，专业的译员都有自己比较熟悉的领域，不是任何一个领域的翻译任务都能承担，笔译教师也是如此，他们在自己熟悉的领域有比较丰富的实践经验，而在不熟悉的领域则经验不足。

线上资源恰好可以弥补笔译师资方面的不足。从现有的线上资源来看，专业领域的笔译课程主要涉及商务、旅游、医学、学术、科技、文学、影视等领域。

（四）为学生提供有针对性的指导

线上的笔译课程资源比较丰富，想要高效利用这些资源，并让它们助力线下的课堂教学，关键还需要教师综合考虑学生水平、授课内容、授课学时等因素，并对学生进行有针对性的指导。这种指导主要分为三个方面：一是课前提供合适的线上资源，二是课上对学生的线上学习效果进行检验，三是结合线上与线下所学内容培养学生的翻译能力。三者相辅相成，缺一不可。

教师在课前给学生提供的线上资源应分为不同的层次：低层次的以通用领域的翻译技巧为主；中等层次的在翻译技巧的基础之上添加专门领域的翻译知识；高层次的还可以添加翻译技术、应试或与翻译职场相关的内容。

教师在课上对学生的线上学习效果进行检验时，应高效利用课堂管理软件，以便及时发现线上学习中存在的问题。教师可以利用弹幕让学生自由提问，教师予以解答，也可以利用课堂管理软件中的云功能发现学生共同存在的问题。

要把线上与线下所学内容相结合，培养学生的翻译能力，对教师来说具有相当大的挑战性。教师需要根据思辨能力的发展规律，设计与翻译能力相关的教学任务，并把任务进行合理的分解。初始的教学任务应以线下学习的内容为基础，随后逐渐提高难度，由翻译技巧逐渐过渡到翻译策略、翻译鉴赏、译文审校等环节。

利用线上资源进行教学已成为一种不可逆转的趋势，笔译教学尤其如此。线上资源的选择需要综合考虑学生水平、授课内容、授课学时等因素。知识性的内容以及任课教师不太擅长的内容可以让学生在线上学习，而评价性的、赏析性的内容则仍需要在线下完成。除了向学生提供线上资源之外，教师还应给予学习指导，课上还要做好监督。线上资源的利用需要与线下资源相结合，共同为培养学生的翻译能力服务。

第四节　英语笔译实践教学

笔译教学旨在培养满足市场需求的应用型翻译人才。这些翻译专业人才不仅需要精通两门语言，同时还需拥有广博的文化和百科知识以及相关的专业知识；需要掌握各种翻译技巧，进行大量的翻译实操，将翻译技巧内化为译者的自觉行为；需要具备清醒的译者角色意识、良好的职业道德、踏实进取的工作作风、自觉的团队合作精神和处乱不惊的心理素质等。

但目前国内部分高校的笔译实践在形式、数量、内容上远不能满足市场需求，这使得毕业生缺乏实践经验，笔译能力有限，只能从事翻译行业的低端工作。为此，教师在笔译教学中应以市场为导向进行笔译实践设计，通过课堂教学实践、课外实践、综合实践，不断提高学生的笔译水平，培养符合市场需求的职业笔译人才。

一、笔译实践教学现状

目前国内部分高校的笔译实践教学与市场需求脱节，缺乏对专业性和应用性方面的重视，实践内容不够丰富，实践领域狭窄。

首先，课堂实践教学内容陈旧，应用性较差。部分高校教师将重点放在普通领域文本的翻译上，学生实践的内容也大都是与普通领域相关的内容，这使得学生的笔译实践能力一般，毕业后不能胜任市场急需的应用文本的翻译工作。其次，课外实践形式缺乏多样性。部分高校教师将课后布置的笔译作业或练习题作为主要实践方式，导致学生对笔译实践的兴趣不高。再次，传统翻译教学培养出来的毕业生通常需要很长的时间去适应翻译公司的工作环境，难以面对信息时代计算机化和网络化的工作环境对职业译员提出的挑战。最后，学生没有足够的翻译实训机会。虽然很多高校相继与企事业单位合作建设翻译实习基地，但实习基地的数量及其提供的实习岗位数量远不能满足学校的要求。很多实习基地既不能为学生提供必要的实习条件，也无益于学生综合能力的提高。

市场需求对笔译人才的培养提出了更高的要求。翻译公司除了看重应聘人员的双语互译能力之外，还要求应聘人员具备一定的专业知识、工具应用能力与职业素养。教师应在笔译教学中重视笔译实践，丰富笔译实践内容和形式，拓宽笔译实践领域，让学生切实通过笔译实践提高双语转换能力，积累笔译经验与相关行业知识，在毕业后能够胜任翻译岗位需求。

二、笔译实践设计

为了培养符合市场需求的笔译人才，在进行笔译实践设计时，有必要从课堂实践、课外实践与综合实践三个方面充实实践的内容和形式，拓宽实践领域，切实提高学生的双语转换能力，让学生在积累笔译经验的同时，掌握相关的行业知识。

（一）课堂笔译实践设计

课堂实践是笔译实践教学最基本的组成部分。课堂实践的设计要结合市场需求与学生的实际水平，在教学内容的选择上既要注重必要的笔译理论和技巧的讲解，也要紧密结合市场需求。负责课堂笔译实践的教师应具有丰富的实践经验，能充分利用语料库、翻译平台等为学生创造良好的笔译实践环境，并引导学生学习相关行业知识，将学到的笔译理论、技巧和实践相结合，通过实践加深对笔译过程的认识，通过定期进行翻译总结等方式培养学生对笔译中出现的问题进行独立思考并独立解决的能力。授课教师可以采用不同的教学方法，激发学生学习与实践的兴趣。其中，笔译工作坊就是一种有效的课堂笔译实践模式。

在笔译工作坊模式下，教师应以市场为导向选择原文文本和训练形式。教师或学生可以选择市场中的翻译项目资料（社会上已经公开的项目资料）作为翻译文本。教师在翻译前应带领学生对中文同类文本进行学习，重点体会句法规则、修辞特点等，这是翻译前的必要程序。之后进行由教师主导的专业文本翻译，教师事先讲解一些重要的翻译规则，而后学生分组或独自完成笔译任务。学生课上阐述翻译过程，然后通过集体讨论，进一步完善译文、总结得失。

最后，教师对学生的译文进行评价，对学生在翻译过程中出现的问题进行总结。在这种模式下，教师是翻译活动的组织者、引导者，学生是翻译活动的主体，翻译任务由师生共同完成。通过笔译工作坊模式，学生可以加深对翻译过程的认识，提高笔译实践能力，培养团队协作精神等职业素养，提高课堂笔译实践质量。

（二）课外笔译实践设计

课外实践是笔译实践教学体系不可缺少的一部分，是对课堂笔译实践教学的必要补充。笔译活动的实践性强，但是课堂实践时间有限，所以对学生实践能力的提高有限。课外实践作为课堂实践的必要补充，可以弥补课堂笔译实践的不足，有效提升学生的笔译实践能力。学生可以通过参加笔译兴趣小组、笔译竞赛，利用校内的翻译实验室等方式进行课外笔译实践。

笔译兴趣小组是笔译课堂实践的有效延伸，在培养学生专业技能、拓展学生专业素质方面起着十分重要的作用。在专业教师的指导下，兴趣小组可以通过专题笔译、优秀译文赏析、校外专家学术讲座等形式开展笔译实践活动，为学生搭建起一个良好的实践平台。

笔译竞赛在锻炼学生笔译技巧、增强其对笔译的学习兴趣方面有积极的作用。教师可以根据学生的笔译水平，鼓励其参加各种级别的笔译赛事。

翻译工作室等校内笔译实训平台具备先进的笔译实践设施，是学生在课余时间进行自主笔译实训的有益补充。学生可以借助平台内安装的计算机辅助翻译软件开展笔译实践活动，锻炼自己的专业基本功以及应用翻译工具的能力。

（三）笔译综合实践设计

综合实践旨在培养学生在真实职业环境下综合运用所学的理论和技巧解决笔译过程中出现的实际问题的能力，培养学生的团队协作意识、实践能力与就业竞争力。综合实践模块由项目实训、 CATTI 笔译资格考试、毕业实习和毕业论文四部分组成。

项目实训通过真实的笔译任务将人才培养和笔译市场需求紧密结合，为学生毕业后从事笔译工作奠定基础。高校可以与翻译机构合作，将真实的笔译项目引入学校，在条件不成熟的情况下也可以先安排学生进行模拟项目笔译。项目实训应本着“以项目为主线、教师为引导、学生为主体”的原则，按照真实的笔译任务运作流程，从项目管理、译前准备、翻译工具的应用、译稿审核到任务交付，引领学生熟悉真实的笔译工作方式与环境，了解译员的职业素养，积累笔译经验，增强实践能力。

笔译实训活动通常以小组为单位进行，每组由六名学生组成，他们轮流担任译员、审校、项目经理、质检和排版的角色。在此实践活动过程中，教师既是翻译项目的管理者、课堂活动的组织者，也是学生的示范者、协助者和鼓励者。小组内每位学生通过翻译平台的“人机模拟实训”熟悉系统工作方式，然后在各自的小组里以项目或任务的方式进行实际翻译练习。

CATTI 笔译资格考试不仅仅是检测学生翻译能力的标准，还是国家语言服务评价体系的一部分，与语言服务、经济发展、政治环境、社会道德等密切相关。教师可以对笔译真题考查的知识点进行梳理，并整合成适合学生翻译练习的校本教材，针对考查的难点提供必要的讲解，通过相关练习强化难点的处理技巧，以此切实提高学生的翻译能力。

毕业实习是检验学生笔译能力的综合性实践环节。学生应到涉外企业、事业、翻译公司等单位的笔译岗位进行毕业实习，完成实习单位布置的翻译任务，了解一名职业笔译人员所必需的专业知识，在实战中提高笔译实践能力。通过实习，学生对毕业后所从事的工作性质、专业知识要求等会有更深刻的了解，这有助于其弥补自身不足，毕业后尽快适应工作岗位。

毕业论文是全面检验学生笔译综合能力的重要一环。毕业论文的撰写需要学生调动笔译方面的专业知识和技能，有利于培养学生提出问题、分析问题和解决问题的能力。

第五章　高校英语笔译教学模式改革

随着现代教育技术的广泛运用和高校英语教学改革的不断深入，基于课堂教学的高校英语教学模式已经发生了巨大改变。先进的教学设备已经把教室逐渐“武装”起来，信息技术充斥着教与学的每一个角落，这种结合是现代教育发展的必然结果，也是高校英语教育发展的必然结果。

第一节　教学模式概述

一、教学模式的定义

美国教育家乔伊斯和韦尔在 1972 年出版的《教学模式》一书中，最先提出了“模式”的概念，并将其引入教学领域中。他们认为教学模式主要是指在教室和其他环境中进行教学活动的一种计划，如选择教材、构成课程等。

在教学理论中引入“模式”，说明了在一定的教学理论指导下，可以在教学过程中建立各种类型的教学活动的基本结构，使其形成一整套策略体系，用于保证教学活动科学有序地进行。

美国学者施瓦布于 1990 年出版了《教学：一种模式观》一书，他认为教学就是构造学习环境，不断满足学生的学习需要并进行有效组织的过程，即教学模式是导向特定学习结果的程序。由于教学环境、学生需求、教学目标存在不同，教师必须要掌握多种教学模式，并在实际教学中进行恰当的选择和运用，从而有针对性地对学生进行辅导。

20 世纪 80 年代以来，我国对教育模式研究的关注日益增长，同时取得了不少有益的研究成果。我国对教学模式的定义有许多不同的说法。其中，大部分学者认为，教学模式便是教学“大方法”；还有学者认为教学模式是对教学实践中形成的较为系统、相对稳定且具有一定意义的教育体验，加以结构化、抽象化的特殊理论模式，并且必须在一定的教育理念支配下才能完成。

概括来说，教学模式是一种教学样式，其风格独特，是在一定的教学思想或教学理论的指导下建立起来的相对稳定的教学活动结构框架和活动程序。从宏观上来看，教学模式作为结构框架，强调把握各要素与教学活动整体之间的关系。

二、教学模式的构成要素

（一）教学目标

教学目标是所有教学模式的指向，因此教学目标在教学模式的结构中具有十分重要的意义，同时由于它决定着师生在教学活动中的组合关系和教学模式的操作程序，因此对构成教学模式的其他因素有制约作用，是教学评价的标准和尺度。除此之外，不同教学模式都是为完成一定的教学目标服务的。

（二）理论依据

教学模式不仅是一定理论指导下的教学行为规范，更是对教学理论或教学思想的反映。一般情况下，教学模式会随着教育观的改变而产生差异。

（三）教学评价

教学评价主要是指各种教学模式为达成教学目标所特有的评价方法和标准等。不同教学模式所使用的程序和条件不同，需要完成的教学目标和任务不同，因此不同的教学模式应选择相适应的评价方法。近年来，我国大部分高校虽然已经具备了较为成熟的教学模式，但仍缺少成熟完善的评价方法和标准，因此各高校必须对此加以重视，并不断完善。

三、教学模式的主要特点

（一）稳定性

教学模式能在一定程度上揭示教学活动的普遍性规律。一般情况下，教学模式作为大量教学时间活动的理论概括，只负责提供具有参考作用的程序，并不涉及具体的学科内容，具有一定的稳定性。需要注意的是，教学模式是依据一定的理论而提出来的，因此会受到教育方针和教育目的的制约，与一定历史时期的教育水平、经济、科学、社会、政治相联系。

（二）操作性

教学模式能够以简化的形式反映某种教学理论或教学思想中核心的部分，可以说是一种操作化、具体化的教学思想，为人们提供了一个更加具体的教学行为框架，便于教师理解、把握和运用。

（三）灵活性

教学模式充分体现了某种理论在教学过程中的实际操作形式，它并非是针对特定的教学内容而提出的。因此，在运用教学模式的过程中必须考虑师生的具体情况、现有的教学条件、学科的特点、教学的内容等。为了体现教学模式对学科特点的主动适应性，还要不断地进行细微的方法上的调整。

（四）指向性

一般情况下，每种教学模式的设计都必须围绕教学目标进行，并且其运用也具有一定的条件，因此适用于所有教学过程的教学模式是不存在的，并且也不存在最好的教学模式。教师在选择教学模式时必须谨慎，既要考虑其指向性，又要注意不同模式的性能和特点。

第二节　新型英语教学模式

一、高校英语翻转课堂模式

随着人们对教学研究的不断深入，翻转课堂模式逐渐被人们了解和熟知。与传统教学模式相比，这一新兴的教学模式是建立在网络多媒体教学环境下的，是对传统教学模式的一种颠覆。高校英语翻转课堂模式有其自身的优点，下面将对该模式展开分析和探讨。

（一）翻转课堂模式的定义

翻转课堂又可以称为“颠倒课堂”，其教学过程包含两大阶段：一是知识传授；二是知识内化。在传统教学模式中，教师往往会通过课堂讲解的形式来将知识传输给学生，学生通过完成课后作业和具体的实践来实现知识的内化。与这一传统教学模式不同，在翻转课堂教学模式中，教师根据自己的教学计划对课前预习的内容进行布置；学生则主动利用各种开放资源来获取知识，在课堂上与教师和同学进行探讨，然后完成任务，最后内化为自己的知识。

所谓翻转课堂模式，是指在课堂教学进行之前，学生利用教师给出的视频、音频、电子教材等学习材料，自主完成课程内容，然后在课堂上主动参与互动活动，最终完成学习任务。

翻转课堂模式是由美国人萨尔曼·可汗提出的，他首次利用网络视频展开翻转课堂授课，并取得了巨大成功。因此，可以说萨尔曼·可汗是翻转课堂模式的创始人。

近年来，翻转课堂模式在国内产生了巨大影响。作为一种基于网络多媒体的新型教学模式，翻转课堂模式是对传统教学流程的颠覆，这对于学生展开自主学习而言是非常必要的。作为一种新型的成功授课方式，翻转课堂对我国英语教学改革大有裨益。但是，翻转课堂不属于在线课程，也不能用视频代替教师，它只是师生之间进行互动的方式。

在传统教学模式中，知识习得需要经历知识讲授、知识内化、知识外化三个步骤。通过课堂教学，教师完成知识的讲授，而学生在课后任务和作业中完成知识的内化。这在前面已有所提及。但是，在当前云教育、云学习的技术条件下，学生可以通过“云课程”及媒介来展开教学，当学生在学习中遇到困难时，教师可以对其进行排解和启发，这既保证了师生之间的平等交流，也保证了学生知识的进一步深化。简单来说，从先教授后学习转向先学习后教授，这就是所谓的课堂翻转。

综上所述，翻转课堂模式是对传统教学模式的变革，师生关系及教学方式在教学过程中都发生了质的改变。

（二）翻转课堂模式的优势

通过翻转课堂模式的定义可知，该模式是对传统教学模式的颠覆。具体而言，翻转课堂模式有如下几个方面的优势。

1. 有助于学习者安排学习时间

翻转课堂模式有助于学习者安排学习时间，尤其是即将毕业的大学生，他们需要在实习工作上花费很多时间，因此并没有充足的时间用于课堂学习。这些学生需要的是能够迅速传达知识的课程，可以让他们在闲暇时间学习知识。对于这些学生来说，翻转课堂模式是非常适合的，因为这一模式有利于他们对自己学习时间的安排。

2. 有助于师生展开课堂互动

与传统课堂教学模式相比，翻转课堂模式改变了师生之间的相处方式，教师与学生之间逐渐形成了一对一的交流。如果学生对某一知识点存在质疑，那么教师可以将这些学生集中起来，对他们进行特别指导。另外，在翻转课堂上，学生会进行大量的互动，他们不再将教师看作知识的唯一来源。

3. 有助于差生进行反复学习

在传统课堂教学中，教师会将更多重心放在成绩优秀的学生身上。这是因为，在教师的眼中这些学生可以追赶上教师的步伐，且愿意积极主动地参与到教师的教学中。但是，除了这些成绩优秀的学生外，其他英语水平较差的学生往往是被动听课的，甚至很难跟上教师的节奏。翻转课堂有助于改善这一情况。在翻转课堂上，学生可以随时对视频进行暂停或重放，直到自己理解和明白为止。另外，翻转课堂模式还可以节省教师的时间，让教师将更多精力投注于成绩不好的学生。

4. 有助于学习者实施个性化学习

众所周知，各大高校的学生来自不同地区，其自身发展水平必然会存在差异，尤其是兴趣爱好和学习能力等。虽然当代的教学研究领域注意到了这一问题，但是传统教学模式很难实现分层教学，而翻转课堂教学模式恰好解决了这一问题。翻转课堂模式根据学生的兴趣、能力等展开教学，这使每位学生都能够从自己的进度出发来进行学习。

5. 有助于课堂管理的人性化

在传统课堂教学中，教师为了帮助学生获取知识，需要密切关注学生的注意力和整个课堂的纪律问题。这是因为，如果学生被某些事情影响了心情，那么必然会影响他们学习的进度。但是，在翻转课堂中，这一问题是不存在的。

首先，翻转课堂模式将学习的主动权归还给了学生。如前所述，翻转课堂模式是对师生间、生生间互动关系的强化，让学生最大限度地发挥了主观能动性，即学生掌握了主动权。

其次，翻转课堂模式扭转了传统教学模式下学生的学习观念和学习态度。翻转课堂中的学习内容是根据学生的需要、兴趣来定位的。在总体学习目标下，学生通过教师提供的学习途径、学习材料完成知识建构，提升自身的知识水平。

最后，翻转课堂使学生对教师的依赖性降低。这是因为，在翻转课堂中知识的习得置于最前的位置，所以学生的自主性逐渐提高，有效淡化了学生对教师的依赖。

（三）翻转课堂模式的实施方法

1. 进行课前安排

在课前安排方面，教师要为学生准备充足的学习资料，如电子教材、英语参考书籍、国内外相关英语专题网址及微视频教程等。

（1）电子教材的设计

在电子教材的设计方面，应该注重其完整性。也就是说，纸质教材的内容及附加的包含音频、视频等在内的内容应包含在电子教材中。此外，语料库数据、相关网站等资料也都可以运用链接形式注入电子教材中，便于教师和学生使用。

电子教材设计除了要保证完整性外，还需要遵循一些次要原则。

第一，模态协作化原则。由于电子教材的设计涉及多模态形式，在运用时需要考虑以下几个因素：一是现有的设备条件是否适合使用多模态，能否为教师留有选择的空间；二是运用多模态能否产生正面效应，其教学效果如何；三是考虑多模态的运用是否会出现冗余，避免产生浪费。

第二，模态分配分类化原则。模态分配分类化是指根据不同的教学条件和教学对象来分配不同的模态组合。著名学者陈敏瑜在对多模态进行研究时，发现高校教材中的绘图大多为纲要式或者抽象式图表，而小学教材多为漫画式，这就说明教材的编写是根据学生的认知能力和基础知识界定的。因此，在设计电子教材时，同样需要考虑学生的认知能力和知识水平，如文科生适合形象化的模态，而理科生适合抽象化的模态。

（2）微视频的设计

微视频是当前翻转课堂模式常用的学习资源，具有很强的针对性。在课堂教学开始之前，教师可以根据课堂教学目标准备两个或三个微视频，一个微视频仅介绍一个知识点就可以，如果介绍的内容太多，那么就会影响学生的理解和学习。对于微视频的设计，教师需要注意以下几个方面。

第一，教学视频的视觉效果、互动性、时间长度等都会对学生的知识习得产生影响。在微视频中，教师要对学习内容进行合理设计，并设计课前练习的难度与数量等，以帮助学生将新旧知识结合起来。

第二，学生在课前学习过程中，可以利用网络多媒体软件等与其他学生进行交流与沟通，将自己学习中的难题和疑问排除掉。

第三，在微视频的设计上，教师还需要考虑学生的适应性。刚接触视频时，学生很难集中自己的注意力，因为他们更专注于笔记的记录。为了改善这一局面，教师可以为学生构建视频副本，帮助学生解除后顾之忧，引导学生对视频内容进行关注。

2. 展开课堂教学

在翻转课堂中，教学大概涉及五大步骤：合作探究、个性化指导、巩固练习、反馈评价以及课程总结。

（1）合作探究

首先，要合理进行分组。合作学习实际上就是小组学习。合作学习中组员构成是十分重要的，因此教师在分组时要注意各小组成员在能力水平、知识结构上的多样化。

其次，对问题进行策划和提出。小组合作的内容要具有操作性，即设置的问题要能够进行讨论。在翻转课堂开始之前，教师应该根据不同的学习内容和任务明确分组的原则，明确规定小组内各个成员的任务以及完成任务的时间。在合作学习中，教师处于引导者的地位，为不同的学习小组制订不同的学习任务，使各个小组能够相互合作、共同学习、共同进步。

最后，要合作完成任务，并对过程进行控制。小组合作学习并不是指在任务开始时各小组成员就要一起完成任务。事实上，在任务开始时，小组成员需要对任务进行研究和探讨，且各个成员需要独立进行思考，通过独立的思考来促进和发展思维。之后，小组成员对思考的结果进行交流，发表自己的观点和看法，最后对各种信息和观点进行汇总，达成一个一致的观点。

（2）个性化指导

在个性化指导阶段，教师需要为各个小组解答问题与疑惑。在合作探究中，不同小组会产生不同的问题，教师应该根据不同的问题进行个性化指导和解答。对于一些共性问题，则可以集中起来予以解答。

（3）巩固练习

在巩固练习阶段，在教师的个性化指导下，各个小组需要进行总结，并通过不断练习来加深印象，对重点、难点知识进行巩固。

（4）反馈评价

对小组合作学习情况的评价主要包含两个方面：一是对学习过程和结果进行评价；二是对小组及小组内成员进行评价。在对各学习小组进行评价时，教师需要将重心放在整个小组任务的完成情况上，而不是放在某一小组成员的成绩上。同时，教师还需要评价小组内成员参与的主动性、积极性，这样既可以为其他小组内的成员树立榜样，还可以激发小组内成员的学习热情，调动他们的学习积极性。

（5）课程总结

课程总结是课堂教学的最后一步。在这一环节，各小组进行交流与沟通，对所学内容进行总结。教师应该给予小组内成员充分的支持，使各个小组都能够顺利地完成学习任务、实现既定目标。

总之，高校英语翻转课堂模式不仅是对课前预习效果的强化，更是对课堂学习效率的注重和提升。通过课堂活动设计来使学生知识内化是教师的重要任务，也是高校英语翻转课堂教学的目的。基于此，教师在设计课堂任务时应该对信息化设备、情境等要素予以充分利用，引导学生通过真实体验来实现知识内化。

二、高校英语微课模式

随着网络多媒体技术的引入，人们的学习方式逐渐发生改变。在网络及“微时代”的双重影响下，微课模式已经悄然进入高校英语教学的领域，并成为人们探索新教学模式的一个重大突破口。可以说，微课是一种新的网络学习资源，并在国内迅速发展，成为基于网络多媒体的高校英语教学新模式。高校英语微课模式的定义、构成、优势及实施办法等成为当前研究的热点，下面就对这几大方面展开分析和探讨。

（一）微课模式的定义

从字面上来说，“微课”有如下三个层面的含义。

第一，对于“课”这一概念来说，微课是“课”的一种，是一种课式，呈现的是一种短小的教学活动。

第二，对于“课程”这一概念来说，微课同样是有计划、有目标、有内容、有资源的。

第三，对于“教学资源”这一概念来说，微课具有丰富的教学资源，如数字化学习资源包、在线教学视频等。

但是，对其内涵进行深入挖掘，可以发现微课是一种具有单一目标、短小内容、良好结构、以微视频为载体的教学模式。微课的最初理念是通过正式或者非正式的学习方式，人们不断对短小、主题集中、与实践紧密结合的专业知识进行学习，从而提高学习效果，促进知识的内化。

在这一理念基础上，我国学者对微课模式展开了重点研究。很多学者都提出了自己独到的见解。

黎加厚认为，“微课是时间在十分钟内，教学目标明确，内容短小，能够对某一问题集中说明的微小课程”。

焦建利认为，“微课是以某一知识点为目标，以短小精悍的在线视频为表现形式，主要应用于教学和学习的一种在线教学视频”。

胡铁生、黄明燕、李民认为，“微课又可以称为‘微型课程’，是在学科知识点的基础上构建和生成的新型网络课程资源。微课以‘微视频’为核心，包含很多与教学配套的扩展性或支持性资源，如‘微练习’‘微教案’‘微反思’‘微课件’等，从而形成了一个网页化、半结构化、情境化、开放性的交互教学应用环境和资源动态生成环境”。

上述这些学者的概念具有针对性，并在一定程度上反映出微课模式的基本特征，虽然具体内容存在某些差异，但是其理念和核心基本一致。涉及综合性问题，笔者更倾向于胡铁生的定义。笔者认为，微课从本质上是一种对教与学进行支持的新型课程资源，而且微课与其他与之匹配的课程要素共同构成了微课程。从这点来看，其属于课程论的范畴。当学生通过微课模式开展学习时，他们就是以微课作为媒介与教师产生交互活动的，通过面对面辅导、在线讨论等进行直接交互，从而产生有意义的教学。

（二）微课模式的构成

从微课的课程属性出发，微课需要具备一些必备的课程要素。具体而言，主要涉及四大要素：目标、内容、活动、交互和多媒体。

1. 目标

目标是指教师期望教学所要达成的结果，主要包含以下两层含义。

第一，应用目的，即设计开发微课模式的原因。这与微课模式是在课前、课中还是课后运用有关，如为学生的课后练习提供指导而制作的相关练习讲解的微课。

第二，应用效果，即教师在使用微课模式后期望学生获得能够解决具体问题的能力，如掌握某一体裁的英语写作方法、阅读理解题的解题技巧等。

一般来说，微课模式的目标是具体、明确、单一的，其对于微课内容和应用模式的选择起着重要的指导意义。

2. 内容

微课内容是指为微课模式预期服务的，与特定学科相关的有目的、有意义的信息与素材。也就是说，高校英语微课模式的内容是英语教师实现预期教学目标的信息载体。微课内容不同，教师对教学活动的设计也不一样。但是，由于微课的时间很短，内容上往往具有主题明确、短小精悍的特色，因此需要教师对微课的内容进行精心选取。

3. 活动

活动是主体与环境的相互作用过程，其中环境涉及主体本身、其他主体以及客体。“教的活动”是指教师这一活动主体与特定微课内容这一客体之间的相互作用过程，通过这种相互作用，教师可以将教学信息有效传递出来，以帮助学生对课程内容进行理解与思考。教的活动是实现微课目标的一种有效方法，可以分为教师的演示、讲授、操作及其与其他主体间的互动等活动类型。

4. 交互和多媒体

要想完成微课中教的活动，教师必须要借助某些特定工具来保证学生能够正确理解微课内容的意义，从而实现学生与微课的相互交流。在微课模式中，这种工具主要包含以下两种。

第一，交互工具。微课学习能够促进学生与微课间进行操作交互和信息交互。

第二，信息呈现工具——多媒体。多媒体能够更好地帮助教师对教学内容进行表达和解释，提高学生在进行微课学习时与学习资源间的交互有效性。

总之，微课这四大因素是相互影响、相互关联的。通过对这几大要素的设计，教师能够构建一个结构化、数字化的课程资源体系。

（三）微课模式的优势

从微课的定义与构成上不难看出，微课与当前信息技术相适应，是一种新兴媒体在教学领域的运用。可以说，微课在高校英语教学中的优势非常明显。

1. 教学内容少

微课模式主要是对课堂教学中某一知识点教学的凸显，或者是对教学中某一环节或者某一主题活动的反映。与传统教学内容相比，高校英语微课教学内容更加精简，更符合教学的需要。

2. 教学时间短

一般来说，高校英语微课教学视频时长为 3—8 分钟，最长也不超过 10 分钟。相比之下，传统课堂教学时间长，一般为 40—45 分钟。因此，微课常常被称为“微课例”或“课堂片段”。也就是说，微课教学时间短。在当前的高校英语教学中，使用微课模式有助于教师针对教学难点开展教学，使学生能将注意力集中在教学的黄金时段，通过与教师的互动解决学习上的困惑。

3. 资源容量小

微课模式中的教学视频及配套资料的容量一般比较小。在高校英语教学中，微课这一模式有助于教师与学生间顺畅地展开交流。

4. 资源构成情境化

高校英语微课教学的内容通常具有鲜明的主题，且指向也完整、明确。教学视频片段是微课的主线，并以此对教学设计及其他教学资源进行统整，从而构筑成一个类型多样、主题凸显、结构紧凑的“主题单元资源包”，创造出一个真实的教学资源环境。这就使微课资源具有了视频教学案例的特点。这种真实、具体的情境不仅有助于学生提升自己的思维能力，还有助于教师提升自己的教学技能。

5. 反馈及时、针对性强

微课教学内容少、教学时间短，可以在短时间集中开展“无生上课”，因此教师和学生都可以迅速获取反馈信息。此外，每一位学生都可以参与进课前组织预演，相互学习，这在一定程度上有助于减轻教师的压力，保证英语教学活动顺利开展。

6. 成果简化、多样传播

由于微课教学主题鲜明、内容具体，因此其成果易于转化和传播。同时，微课教学时间短、容量小，因此其传播的方式也是多种多样的，如网上视频传播、微博讨论传播等。

7. 主题鲜明、内容具体

微课课程的开展是建立在某一主题上的，其研究和探讨的问题也主要来自具体、真实的教学实践。例如，教学实践中有关教学策略、学习策略、教学重难点、教学反思等方面的问题。

（四）微课模式的实施办法

就当前的教学实践来说，微课模式有着广阔的发展前景。虽然微课的设计是当前研究的重点问题，但是也不能忽视微课模式在教学实践中的应用。因此，下面就高校英语微课教学提出一些建议。

1. 建立微课学习平台

微课模式主要建立在视频这一载体上，同时还需要一些辅助模块，如微练习或互动答疑等，这些对于提高学生的学习兴趣、培养教师的信息化应用能力十分有益。其中，一个较为创新的方法是微慕课平台，这一方法可以使微课模式展现出慕课模式的系统性和专业性。这一平台具有一定的知识含量，并且具有结构灵活、系统性强、制作成本低等优点。

2. 提升微课录制技术

微课录制技术更追求质量，而且要尽可能简单，这使教师乐于录课，并能够快速提升自己的微课录制技术。另外，微课的研究人员需要在网络多媒体技术上进行改进和发展，尽可能地使微课模式得到普遍推广。

3. 加强资源开发，实现共建共享

当前的高校英语教学中仍旧存在着教学资源不均衡的情况。微课的出现使得优质的教学资源可以通过网络传送到全国的高校中，从而实现资源共享。

三、高校英语慕课模式

慕课模式的形成和发展并不是偶然的，而是在时代的发展和信息技术进步的基础上实现的。下面就来分析高校英语慕课模式。

（一）慕课模式的定义

慕课是一种在线课程开放模式，是在传统的发布资源、学习管理系统的基础上建立起来的课程模式，又称为“大型开放式网络课程”。慕课主要由具有协作精神与分享精神的个人所组织，他们将优异的课程上传到网络，供有需要的人下载和学习，目的是促进知识的传播和发展。

2012 年 9 月 20 日，维基百科对慕课进行了界定，即慕课是一种以开放访问、大规模参加为目的的在线课程。慕课的英文字母是 MOOC，这四个字母分别有其代表的含义。

M：代表参与这种开放性课程的人数多，规模大。

O：代表这一课程具有开放性，只要是想学习的人就可以参与其中。

O：代表这一课程学习的时间是非常灵活的，想学习的人可以自主选择。

C：代表课程包含的种类众多。

（二）慕课模式的优势

慕课模式应用于高校英语教学必然会引起重大的教学理念与教学方式的改变。也就是说，慕课模式对当前的高校英语教学意义重大。具体而言，慕课模式具有如下几点优势。

1. 提供能力培养平台

我国的高校英语教学虽然一直在不断变革，但是总体上还是将重心放在基础知识教学上。这种教学模式必然阻碍学生将英语教学与专业知识结合起来，也就很难实现自己综合能力的提升。

慕课的出现能够为学生提供最新的专业发展评估和专业动向，有助于激发学生的学习动机和兴趣，促使学生提升自己的专业能力，解决英语教学与学生专业相结合的问题。

2. 平衡不同学生水平

高校学生来自不同的地域，各地的教学水平存在差异，所以学生的学习能力和学习基础也高低不同。在统一的大班英语课堂上，教师很难实行一对一教学，只能从宏观上对学生进行指导。在这样的教育现实下，一部分学生追赶不上教学的进度，也有一部分学生不满足于当前的教学水平。

慕课模式通过开放性的网络平台，给学生提供了有针对性的教学，便于缓解教师教与学生学的矛盾。同时，该模式不受时空限制，既有利于基础好的学生发展能力，也有利于基础差的学生巩固知识。

3. 形成语言使用环境

对于我国学生而言，英语是第二语言，因此缺乏语言学习的环境，导致学生在课堂上学到的知识很难在现实中得到应用。这降低了学生学习英语的成就感，也对日后学生的语言能力提升十分不利。

慕课的出现能够为学生创设良好的语言学习环境，即学生可以接触到真实的语言，甚至可以与世界上其他国家的人们进行交流，这都有助于提升学生的听说能力。

4. 扩大学生知识储备

我国的高校英语教学主要是围绕课堂教学展开的，面对短暂的教学时间和繁重的课业压力，课堂教学很难给学生带来充足的知识。相比之下，慕课教学模式以网络为平台，可以向学生提供丰富的知识，方便学生进行提取，不仅扩大了学生的知识储备，还提高了学生的学习效率。

（三）慕课模式的实施办法

作为一种新兴的高校英语教学形式，慕课模式往往会通过以下几个步骤进行教学，即课程设置多样化、上课方式多样化、考核方式多样化、传统课堂与慕课结合。

1. 课程设置多样化

就当前的高校英语教学来说，慕课模式改变了传统教学模式的单一状况。就师资力量来说，传统的高校英语教师资源非常有限，所讲授的课程针对性也不明确。就教学材料来说，当前大多数高等院校并没有采用与学生相适应的专门教材。就课程设置来说，虽然各大高校都设置了选修课，但是这些选修课大多是为英语四、六级考试设置的。对此，慕课教学模式根据学生的兴趣和需要来选择课程，大大提高了学生的学习兴趣，从而提升了学生英语学习的质量和效率。

2. 上课方式多样化

我国各大高校虽然都在推进高校英语教学改革，上课形式也不再单一，但是仍旧将教师讲授作为中心，其中穿插的多媒体也只是一种辅助形式，是教师板书的延伸而已。在网络多媒体不断发展的背景下，慕课模式实现了上课方式的多样化，学生可以在校园的任何地方坐在电脑前学习，或者手拿 iPad 进行学习。

3. 考核方式多样化

在网络多媒体教育环境下，高校英语慕课模式呈现出考核方式的多样化。如果仅仅依靠传统的笔试或者论文式教学测试，那么就很难将学生的实际水平测试出来。在慕课模式下，考核方式的多样化主要涉及两点：一是探索个性化的考核方式，即根据不同层次的考生设置不同的测试题目；二是探索开放性的考试方式。总之，无论是个性化考核方式，还是开放性考核方式，其目的都是激发学生的学习积极性和学习兴趣。

4. 传统课堂与慕课结合

前面已经介绍了慕课模式的优势，但是在发挥慕课模式优势的同时，还需要注意以下两点问题。

第一，高校英语慕课模式教学还有待完善，不仅需要对教师进行培训，还需要准备与之配套的教学硬件设备。

第二，对于高校学生来说，他们自身水平存在差异，因此要想让不同层次的学生适应慕课模式，也需要很长一段时间。如果将所有的教学内容置于网上，那么那些本身自制力差的学生就更容易放弃，这当然是教师不愿意看到的。

因此，当前属于新旧交替时期，教师仍旧扮演着重要角色。首先，教师应该积极探索能够激发学生主动性和积极性的慕课课件。其次，教师需要对学生的基本情况有一个清晰的了解，保证慕课课件能够被大多数学生理解和把握。最后，教师还需要了解不同学生的自主学习能力，锻炼学生的心理素质，使他们尽快适应新兴的教学模式。

第三节　英语笔译教学模式改革

笔译课程设置的目的是确保学生能够拥有笔译实践技能，可以根据不同文体语言的特点进行翻译，使学生能够掌握英汉双语翻译的基本理论和英汉互译的能力。笔译教学可以培养学生扎实的语言知识技能和翻译技巧，真正做到理论与实践密切结合。学生拥有良好的笔译能力，就可以在未来的工作中熟练地进行跨文化交际，从而提高其工作能力。笔译教学能够为学生的就业奠定坚实的基础，但由于这门课程的难度大，对学生的要求比较高，因此，有必要进行教学模式改革。

一、笔译教学模式存在的问题

笔译教学对学生的理论知识和实践能力提出了很高的要求，学生只有掌握扎实的理论知识和翻译技巧，才能具备娴熟的翻译技能。从低年级开始，教师就要尽力引导学生了解中英文的差异，通过大量训练使其掌握必要的读写能力。笔译教师需利用自身优秀的双语功底开展教学，此外，笔译教师还要掌握完善的翻译教学理论知识和翻译实践经验。

现阶段，笔译教学模式中存在的问题不容忽视。

（一）课程设置不合理

基础笔译课程非常重要，但是在一些学校中，笔译课程的课时不足，甚至将笔译与口译等内容混合讲解，因此很难达到理想的教学效果。在教学时间严重不足的情况下，学生虽然可以了解基本的翻译技巧和方法，但却缺乏足够的翻译训练时间，往往不能做到学以致用。

（二）教材内容设置不完善

英汉笔译教材有许多版本，但这些教材往往缺乏与地方实际相关联的内容。虽然在教材中会有相应的翻译练习，但都搭配了参考答案，这样就会导致学生对参考答案充满依赖性，不愿意深入思考。一部分学生无须亲自翻译就可以获取答案，学生得不到充分的锻炼，其翻译水平也无法得到客观公正的检验。教师通常会按照教材的内容进行讲解，这样学生学习就会比较被动，教师的主观能动性也很难得到进一步发挥。

（三）课堂教学方式比较传统

许多学校的英语笔译教学依然延续传统的教学方式，这就使得学生在学习时比较被动。教师一般会根据教材的内容逐条进行讲解，学生会跟着教师的思维做好笔记。在这一过程中教师与学生之间缺乏互动，课堂教学气氛不够活跃。由于教师的教学任务比较繁重，许多教师在进行教学时，主要以完成教学任务为目的，并没有考虑到学生的实际需求，也没有对相应的翻译理论进行系统的讲解。还有一些教师在开展教学的过程中忽视了对学生实践能力的培养，这样就会导致教学质量很难得到提升，学生的翻译水平时常原地踏步。

（四）学生的翻译能力有待提升

在开展英语笔译教学的过程中，教师虽然会有相对完善的教学计划，但在实际教学时，往往只能对翻译理论和翻译技巧进行基础性讲解，并不能确保学生真正掌握相应的理论和技巧。当学生正式走入职场后，其所拥有的翻译能力往往并不能满足职业的要求。

二、笔译教学模式的改革途径

（一）有效开发笔译课程教学资源

教师要准确选择合适的教材，并将教学内容进行有效的整合，才能确保教学资源得到充分利用，满足学生的学习需求。学校需要根据翻译专业的要求选择权威翻译教材，还要为教师配备其他教材辅助教学。

要加强对翻译教材的编写，在编写时需要结合三个方面的内容。第一，要结合新形势下对于外语专业人才的要求，明确外语人才的培养目标，根据翻译教学的指导思想和翻译课程的定位，合理编写教学内容，尤其要确保翻译教材的内容与现代翻译理论研究新成果密切相关，使翻译教学可以满足社会的发展需求。第二，在教材中要增加英汉语言文化对比的部分，保证学生能够掌握英语和汉语之间的转换技巧。第三，增加平行语料库和翻译方面的知识。语料库中的知识可以确保学生的翻译质量得到进一步提升，因此，在进行教材编写时需要融入与之相关的各项理论。除了必要的翻译理论和篇章翻译之外，还要设置各类文体翻译、摘译、编译和应用文本翻译等内容。

（二）开展多媒体教学

教师要善于利用多媒体技术制作各种各样的课件和视频，以直观生动的方式把知识点呈现在学生面前。教师可以将所有汉译英和英译汉的笔译教学内容制作成电子课件，同时还要明确教学的重点和难点，附带翻译练习。教师可通过不同的动画设计展示出课件的特色，还可以为学生布置与翻译实践有关的资料，最好是结合地方实际的翻译材料。教师要充分利用学校的多媒体语言实验室开展教学，在搭配多样化教学方法的同时，还要利用多媒体技术的优势，启发学生独立思考、热烈讨论问题，最终找出问题的答案。

（三）积极打造精品课程

教师要善于运用精品课程进行笔译教学，精心制作各种教案，在学校推荐的精品课程平台中发掘优秀的教学资源，使学生能够随时通过平台进行学习，对知识进行查缺补漏。

当然，教师可以结合自己的教学经验，亲自设计课件或者制作视频，还可以为学生设计翻译练习。制作完毕后，教师就可以将资源上传到平台之中，还要根据实际情况对课程信息进行完善。

（四）合理设置课程

为了提高学生的笔译能力，就要对现有的课程进行合理的设置。要合理设置课程，除了必要的专业知识课程之外，还要为学生开设“现代汉语”“古代汉语”“中国文化概论”等选修课，全面提高学生的专业素质和人文素质。在教学中，要将英语和汉语的文化进行对比，使学生能够在掌握基本知识和技能的同时具备较为深厚的文化素养。只有这样，学生在进行英汉笔译时才能够做到灵活转换双语。

综上所述，在开展基础笔译教学时，需要考虑到学生能力的提升，积极转变传统的教学方式和思路，充分做到以学生为本，积极创新教学方法，结合实际情况开展教学，真正做到因材施教，使学生可以学以致用。要了解到笔译课程的重要性、现阶段教学中存在的难点，以及学生在学习中存在的痛点，方可确保教学更有针对性。要加强笔译教学改革，使学生具备独立思考和积极探索的精神，这样才能真正提高学生的综合素质。

第四节　体验式笔译教学模式

20 世纪 60 年代美国开始大规模实行体验式教学，学生的综合素质得到了极大的提高；20 世纪 80 年代日本开始引入体验式教学进行教育改革；20 世纪 90 年代体验式教学在我国开始受到关注；近年来诸多学者从不同角度研究了体验式外语教学。大多数学者主要研究体验外语教学的相关理论并将其应用到英语笔译教学中。将体验式教学应用于笔译教学中、探讨体验式笔译教学模式具有重要意义。

一、体验式教学理论综述

“体验”在现代汉语中的含义是“通过实践来认识周围的事物；亲身经历”。英语中“experience”的意思是“由经验获得的技术或知识”。

20 世纪初产生了较为系统的体验教育概念。美国教育家杜威认为，人们在与精神世界和客观世界接触时会有种种问题和不确定性，于是产生认知需求，通过亲身体验获得相关知识。学校教育应将学生置于体验的中心，教师则是合作者和指导者。20世纪中叶，美国教育家和心理学家布鲁纳倡导“发现法”教学。他认为，教某人学习这些学科，主要的并不是要他记住那些成果，而是要他参与可能构建知识的过程。美国心理学家罗杰斯认为，了解学习过程并参与其中、不断增长经验是现代社会最有意义的学习。受教育的人能学会如何适应和变化，能意识到没有知识是可怕的，了解到追求知识的过程才是最重要的。20世纪80年代，大卫·考尔博认为，体验学习模式分为：具体经历、思维观察、抽象概念和主动实践。它们形成两个相互交叉的连续体，学习者可从任何一个步骤开始，也可在任何一个步骤结束。

中国学者从不同角度探讨了体验式教学的理念、原则和方法。体验式教学理念下的英语学习就是学习者通过在真实或模拟英语学习环境中的具体活动获得亲身语言体验和感受，并通过与其他学习者之间的交流和分享，对所学知识进行反思、总结，最终再回到学习之中去。体验式语言教学强调学习环境的真实性，具有真实交际意义的协商有助于“交际能力”的发展。学生获得知识的能力的提高，身心的发展，归根结底要依赖他们个人的努力。体验式教学还通过构建学习环境、强调学生的自主体验、构造平等和融合的学习气氛，促使学习者运用自己的经验和已有的知识背景来获取新知，完成知识的处理和转换并构建自己的知识结构。体验式教学善待生命的自主性，让学生在不断超越自我的过程中体验到生命的力量与意义。王海啸认为，体验式外语学习所提倡的教学理念将学习者置于语言教学的中心位置，强调学习者的个体需求和个性化的学习风格，强调合作式学习，强调课堂交际情境对校外社会现实的再现。体验教学关注每一个学生独特的学习风格，有助于学生个性的发展，使每个学生都能体验到成功的快乐。

体验式教学突出了学生的主体地位，张扬了学生的个性，缩短了学校与社会的距离，对培养学生的自主能力、交际能力、创造能力和应用能力具有重要意义。

二、体验式笔译教学模式

有学者在体验式教学理念的基础上建立了体验式笔译教学模式，突出课堂交际情境对校外社会现实的再现，培养学生的合作学习和自主探究式学习能力，满足学生个性化的发展，并对学生成绩进行多元评价。

（一）成立翻译工作坊

“工作坊”译自英语“workshop”，该词最初应用于心理学与教育学领域。美国设计师、风景园林师兼教师出身的劳伦斯·哈普林于20世纪60年代将其引入都市计划中，指不同族群、不同立场的人们进行思考、探讨及相互交流的一种方式。

“翻译工作坊”作为一种新型的教学模式，具有模拟职场的特点，根茨勒将其界定为“类似于某种翻译中心的论坛，在该论坛上，两个或两个以上译者聚集在一起从事翻译活动”。我国学者李明、仲伟合认为，“翻译工作坊就是一群从事翻译活动的人们聚集在一起，并就某项具体翻译任务进行见仁见智的、广泛而热烈的讨论，并通过不断协商，最终议定出该群体所有成员均可接受或认同的译文的一种活动”。翻译工作坊教学就是以真实的或模拟的笔译任务为源语文本，按照翻译市场上笔译任务的整个运作流程来进行实际翻译操作。学生通过共同协商，一起分析问题和解决问题，逐渐习得翻译技能和翻译策略，掌握相关领域的专业知识，积累翻译行业经验，领会译者的职业精神，提高承接独立性或合作性翻译项目的能力。这种实战演练充分体现了体验式教学倡导的课堂交际情境对校外社会现实的再现以及合作学习和自主学习的理念，能有效培养学生的自主能力、交际能力、探究能力和应用能力。

下面是翻译工作坊教学的过程。

第一，将全班按成绩搭配分成小组，每组4—5人，并在组内进行任务分配。小组长负责组织监督任务的执行，一名组员负责讨论的管理记录，一名组员充当译审，一名组员为译后编辑，对译本进行修订校对。翻译项目改变时，小组成员的任务分配可进行转换。

第二，选择翻译市场上具有广泛应用性的应用型文本如商务文本、科技文本、新闻文本等，学生也可选择自己喜欢的翻译材料作为翻译项目，将翻译基础知识和翻译技巧融入翻译项目中，让学生在实践中学习。

第三，教师将翻译项目以及与此相关的翻译基础知识和策略提前发到班级公共邮箱。

第四，译前准备：主要解决主题与语言等方面的问题，寻找与主题相关的内容，在网上查找平行文本，利用工具书、网络等建立术语库。

第五，学生以小组为单位对原文进行讨论，形成译文，并按照角色分工对原文进行译审、编辑以及修订校对等。

第六，课堂上学生以小组为单位对自己小组的译文进行课堂演示，其他同学指出长处以及缺点，如有更好的译文也可以当众提出，供大家讨论，然后由教师进行评析。

第七，各小组根据课堂上讨论的意见对自己的译文进行最后的加工，完成翻译项目。

（二）建设和使用翻译网络平台

通过网络平台的建设，高校可以整合各种资源翻译，创造出接近真实的翻译情景；学习者可以自己设定学习进度和内容，确定最适合自己的学习方法，从而实现体验式教学强调学习者个体需求和个性化学习风格的教学理念。

网络平台可分为资源模块、工具模块、互动模块。资源模块包括“翻译理论简介”“翻译自学之友”“名译赏析及比较”“翻译课件”等几个板块。工具模块包括“资源链接”和“翻译软件”。互动模块包括“翻译心得”与“翻译作业及讨论”。

“翻译理论简介”板块介绍当代西方翻译学研究和中国传统译论并体现理论与实践相结合的原则。系统的理论介绍使学生能够用理论武装自己的头脑，自觉地用理论指导翻译实践，灵活掌握各种翻译方法。“名译赏析及比较”是理论分析与实践相结合的一个板块，主要呈现一些翻译名篇、翻译经典片段，题材覆盖各种领域，能加深学生对课堂所学翻译基础知识的理解和掌握，从而使学生的翻译技能得到提高。“翻译自学之友”包括各种体裁的文章如广告、外宣、经贸、新闻等的翻译文章及其译文和导读，供学生研读。“资源链接”栏目链接一些翻译软件、翻译网站及其他网络资源。“翻译心得”为学生交流翻译经验和翻译方法，查找资料等提供平台。这个板块包括个人翻译心得和小组翻译心得。

体验式教学强调学习环境的真实性和学习的自主性、探究性、合作性，尊重学生的个体差异，通过实践或模拟实践使学生获得亲身体验和感受。体验式教学理念认为学生是学习过程的积极参与者，教师是学习过程的帮助者和促进者。

第五节　项目式笔译教学模式

在经济全球化以及现代科技迅速发展的背景下，翻译也逐渐走向职业化，翻译市场对翻译人才的要求也越来越高。翻译教学过程一方面可以实现翻译职业化，另一方面也可以对翻译人才质量进行衡量。现在，高校的笔译教学一般以翻译教材为主，但教材上纯文学性和政治性的内容比较多，且多与市场脱节。学生能够与翻译市场接触的实践机会很少，仅有少量的翻译练习，导致高校培养的翻译人才很难满足社会的需求。

任何教学方法的采用都是为了实现某个既定的教学目标。教育部对于翻译教学的目标提出了明确的要求——“高等学校翻译专业本科旨在培养德才兼备、具有国际视野的应用型翻译专业人才”“毕业生能够胜任外事、经贸、文化、教育、科技、军事等领域中一般难度的笔译、口译或其他跨文化交流工作”，从中可以看出，翻译教学的目标是培养能够胜任各领域翻译或跨文化交流工作的应用型翻译人才。刘和平在《翻译能力发展的阶段性及其教学法研究》一文中提到，

“应用型人才培养的关键是‘实践’，实践的途径之一是‘实战’，项目进课堂是实战的方式之一”。

一、项目式教学法

在众多的现代教学法中，项目式教学法有其显著的特点，它的实践性很强。项目式教学课堂是以项目为依托的，教学任务围绕翻译项目展开，教师把教学任务分配在一系列相关项目中，学生在教师的带领下以小组协作的方式完成一个一个项目。

项目式教学法以项目为中心，与传统的教学方法相比，有很大不同。它有如下特点：第一，学生在课堂上的参与度比较高。在采用项目式教学法的课堂上，从项目的开始到结束，学生始终都参与其中，熟悉项目的各个流程。同时，课堂也更加生动有趣，学生的学习积极性也大大提高。第二，教学内容与实际的翻译市场挂钩。课堂上使用的都是一个一个真实的项目，这就使得学生能够接触到市场上最新的资源，可以更好地了解市场需求，使得学习更有目的性和方向性，为以后就业打下良好基础。第三，学生的团队合作意识增强。考虑到项目实施起来具有一定的强度和难度，学生需要很好地团结协作才能保证项目完成的质量。在传统的教学方法中，学生大多独立学习，团队合作精神不强，而经过项目式教学法的训练，学生有较好的团队合作精神，这也是学生未来工作中所必需的重要素质。

二、基于项目的笔译教学模式

基于项目的笔译教学模式以项目为依托，其教学过程如图 5-1 所示，主要包括四个步骤：选择项目、制订计划、实施项目、项目评价。

（一）选择项目

选择一个好的项目是项目式教学法成功的开始，那么如何才能选择一个好的项目呢？首先，教师应该充分了解和把握该课程的学习内容和期望的学习目标，然后确定项目的主题。在笔译课堂上，会涉及各种类型的笔译活动，比如商务类、科技类、法律类或旅游类等，教师要以课程标准为参照，按照学习计划，每次围绕一种项目主题来开展项目式教学。同时教师在确定项目主题时还要考虑学生的兴趣，一般来说，实践性强的笔译项目更能引起学生的兴趣，因为这类笔译项目涉及市场上各行各业的翻译任务，与学生将来要从事的翻译工作密切相关，而纯文学性的或者政治性的笔译内容在整个笔译课程中所占的比重应适当降低。

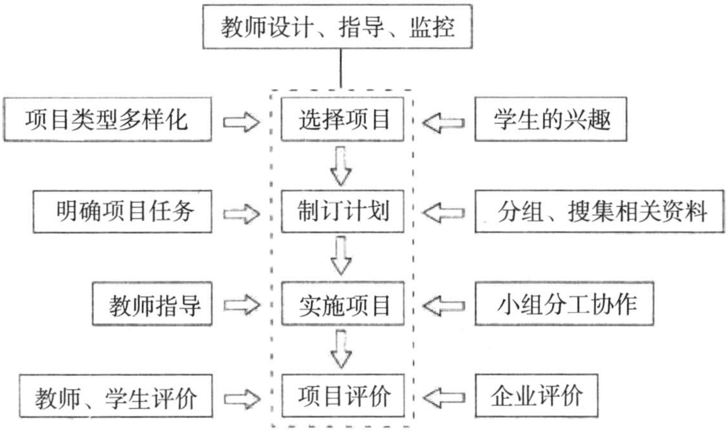

图 5-1　教学操作流程图

项目主题确定之后就需要选择一个具体的项目来实施教学活动。以商务类的笔译项目选择为例，在翻译实验室的硬件设备支持的基础上，教师可以充分利用学校的优势资源在校外企业中寻找一个好的项目，比如企业的新产品说明书的翻译或者企业与国外的商务贸易会议的翻译，教师可以选择一个难度适中的笔译项目作为课堂上的实践练习来让学生来完成。因为这类笔译项目都是来自企业的真实资源，与翻译市场密切相关，学生可以在这样的实践中提高自身的各种能力，避免了所学的东西与市场脱节的现象，同时这些项目都有成功的模板，也便于学生在项目完成之后对项目进行评估。

（二）制订计划

无论是模拟企业已经完成的项目还是接手一个新的项目，都需要有一个完整的计划来保证项目的实施，使其朝着预期的目标发展。在项目实施的前期，师生要做好各种准备工作。以笔译项目为例，教师必须要明确将要完成的翻译项目的难度、客户规定的任务期限和具体要求；然后将学生进行分组，以小组的形式共同完成翻译任务。至于分组的数量，教师可以根据翻译项目的具体情况来决定，比如项目的实施难度和任务期限。有的小组负责翻译前期的准备工作，收集与项目相关的背景资料、规范的术语表达以及平行文本等信息；有的小组负责完成项目文稿的翻译，在翻译过程中要利用别的小组成员准备的前期资源以及翻译实验室的硬件设施，比如安装的各种翻译软件，来更好地完成翻译任务。在此阶段，教师要确保各个小组都明确其在翻译项目中的具体任务。

（三）实施项目

小组分工协作是项目实施的主要方式，教师对整个翻译过程实行动态监控，并且在学生出现问题或者有困难的时候给予帮助和指导。在这个过程中，学生的沟通协调能力和团队合作意识得到了培养和提高，这是在职场上取得成功的重要因素。关于小组活动与翻译教学的关系，刘和平在《翻译能力发展的阶段性及其教学法研究》中提出，“在翻译教学中，小组活动是必不可少的练习形式，也是培养团队精神的重要环节。成员角色的更换、面对任务进行的工作分工与合作、相互的沟通与讨论、相互间的协调与配合，对整个‘项目’（包括每次作业）的了解等都是翻译职业中不可缺少的能力”。任务分工和目标明确对于团队式教学模式来说相当重要，它的重点是培养学生的参与意识和责任意识。王湘玲、贺晓兰在《项目驱动的协作式翻译教学模式构建》中指出，“通过该教学模式，学生可以接触并解决真实翻译世界中面临的问题，同时贯穿该模式的协作式学习还能有助于提高学生的沟通能力和团队意识，使学生学会如何在具体的翻译过程中做出恰当的选择”。在笔译教学实践中，项目式教学法能够保证小组活动的开展和项目的成功实施，实现笔译教学的目的。小组分工合作如图 5-2 所示。

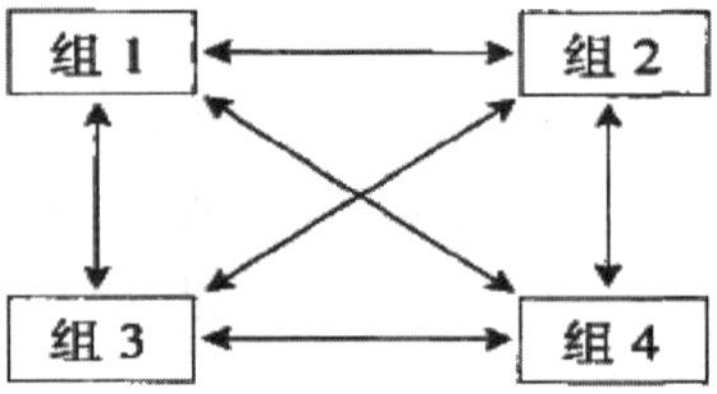

图 5-2　小组分工协作示意图

在项目实施的过程中，学生接触到的都是真实的翻译项目，并且严格按照企业对于项目的标准来实施而不是按照书本上的翻译标准，真正做到了教学目标里面提到的应用型翻译。真实案例将学生真正引入职业的翻译环境之中，体验真正的翻译项目，深入了解专业的项目规范、客户要求、项目分析和报价、翻译流程、质量控制等内容，这样才能对翻译实践有更深刻的认识。

另外，在每次的项目实施中，不同的小组成员可以轮流扮演不同的角色，如信息收集者、译员、译审等，这样几轮下来之后，学生就会对项目实施的各个环节都有一个清晰的了解，能够提出相应的解决办法来应对可能出现的问题，这样的课堂是对真实市场的模拟或再现。

（四）项目评价

在传统的笔译教学方法中，学生译文质量的评价是由教师来完成的或者是以教材给出的参考译文为标准来进行评价的。而在项目式教学法中，由于采用的项目都是企业已经做过的或者是还没有做过的，那么企业就毫无疑问地成为评价的主体，其次才是教师和学生。在每一次的笔译项目完成之后，教师可以指导学生先在课堂上做一个简单的自我评价，针对译文进行点评，然后完善译稿，最后再交由企业评价。企业的评价起着关键性的作用，企业依据市场的要求和需求对学生完成的笔译项目进行评价。企业的要求代表着市场的要求，企业的需求就是市场需求的缩影，因此是否符合市场要求、能否满足企业需求才是笔译项目成功与否的评价标准。在项目实施过程中要强调企业也就是市场作为评价的主体，学生在笔译项目的实施过程中就会自觉地以市场和企业的标准来规范自己的翻译过程以及译文，从而做到关注客户需求而不是一味地忠实于原文。例如，把笔译项目完成的译文交由企业来评价，那么企业就会根据自身对学生的期望来进行评价，然后再把评价信息反馈给学生。学生要进行总结和反思，争取下个项目做得更好。在目前的翻译课上，也会有少量的翻译项目，但是在学生完成翻译项目之后，很少有企业评价或者市场评价这个环节，这样不利于学生真正做到与市场接轨。本节所探讨的项目式笔译教学模式的评价方式可以有效地避免这个不足。评价过程如图 5-3 所示。

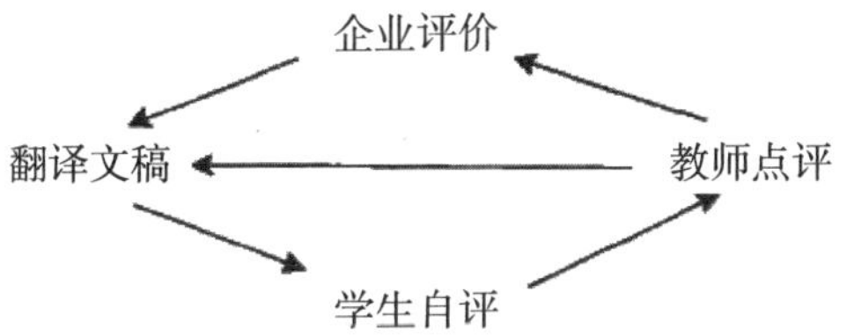

图 5-3　评价过程示意图

三、项目式笔译教学模式存在的问题以及解决对策

在项目式教学法的笔译教学过程中，学生是学习的主体，但同时教师的引导也很重要。教师需要站在全局的角度对项目进行把握，但是现阶段高校的笔译教师很多都是没有笔译实践经验的，他们往往只重视理论的讲解，因此教师本身与市场就有脱节现象，那么这样就会影响教师对笔译项目的选择以及在项目实施过程中的监控等，因此教师本身要加强自身的实践练习，积累丰富的实践经验，要走向社会这个大课堂，才能使学校内的小课堂变得更加生动。同时

学校要定期组织教师进行与笔译教学相关的职业技能培训，并且邀请一些笔译实践经验丰富的人来做讲座，还可以从校外引进一些优秀的笔译人才来加强翻译师资队伍建设。

另外，教师与校外企业进行笔译项目的接洽也可能会存在一定的困难。对于此类问题，在必要时可由学院或者学校出面与企业进行协商。学校可与企业建立长期的合作关系，这样既可以为学生提供良好的实践机会，又能够为企业解决实际问题以及在将来为企业输送合格的笔译人才。

第六节　基于 SPOC 的翻转课堂笔译教学模式

目前，我国高层次应用型翻译人才严重短缺，难以满足中国经济和文化“走出去”的翻译人才需求。高等院校肩负着培养合格翻译人才的重任，但目前来看，培养效果不容乐观。长期以来，大多数笔译教师仍采用传统的教学模式，即教师讲解翻译方法和技巧→教师举例分析→学生进行课堂笔译练习→教师对学生的译文进行评价→布置课外笔译练习。教师在笔译材料的选择上也比较随意，往往带有个人偏好，没有考虑学生的兴趣和市场需求，主要以文学类材料居多。目前在高校笔译教学中普遍存在教学实践与培养目标脱节、教学理念和教学方法缺乏创新等问题。传统笔译教学模式下培养的学生已经显现出明显的缺陷：不少学生的笔译实践能力较差，缺乏团队协作精神，很难满足社会对翻译的真正需求，很少有学生能高质量地完成专业性较强的翻译任务。因此，我们有必要反思传统的笔译教学模式，探索新的教学途径。

MOOC、SPOC 和翻转课堂是最近几年才出现的新型教学理念和方法，却引起了国内外的极大关注。国内外教育界纷纷对此展开探讨，一些中小学和大学还将 MOOC、SPOC 和翻转课堂应用于教学实践并取得了良好的效果。面对 MOOC、SPOC 和翻转课堂浪潮，高校笔译教师应积极应对，认真研究，从中获取有益启示，积极构建笔译教学新模式。

一、SPOC 和翻转课堂简述

（一）SPOC 简述

SPOC 的英文全称是 Small Private Online Course，中文意思是“小规模限制性在线课程”。SPOC 是 MOOC 发展到一定阶段出现的，有学者称 SPOC 为后 MOOC 时代。自 2012 年以来，MOOC 在全球迅速升温，多个平台陆续建成，国内外众多一流大学纷纷投身其中。虽然 MOOC 热力不退，但它的局限性已逐渐显现。对学习者而言，MOOC 无须先修条件，没有规模的限制，免费且完全开放，学习者是学习过程的主导，但这些优点反而成为缺点。MOOC 课程无须先修条件，这导致很多学习者在学习前对所学课程知之甚少，完成率很低；很多 MOOC 课程的教学理念仍然是认知主义，所以建构主义等理念没有得到充分体现，很多课程几乎没有师生互动，学习者得到的支持有限。大学推出 MOOC 课程的出发点是改变现有实体课程的面貌，促进大学教学改革，提升教学质量，但当前 MOOC 对大学实体课程的影响非常小，对教学质量的提升也不明显。在此背景下，加州大学伯克利分校的福克斯教授提出了 SPOC 的概念。SPOC 一般针对在校大学生和在线学生两类学习者。对于在校大学生而言，SPOC 的基本流程是教师精选或制作出符合学生实际、符合教学目标和要求的 MOOC 视频，然后让学生在课前观看，理解 MOOC 视频内容，此过程注重师生和生生互动；在课堂上学生需就课前所学提问，教师予以回答，教师需充分了解学生对所学知识的掌握情况，并在课堂上与学生一起完成作业或任务。若 SPOC 的学习者是在线学生，那就要根据设定的申请条件，从全球申请者中选择一定规模（几十人到几百人不等）的学习者加入 SPOC 课程。入选者须保证学习时间，参加在线讨论，完成规定的作业或任务等，通过者将获得课程完成证书。

（二）翻转课堂简述

2007 年，美国科罗拉多州的高中化学教师用录屏软件录制 PPT 演示文稿和授课声音，并将其上传到网络，给未能到校学习的学生补课，该教学模式取得了良好的效果，受到了学生的欢迎。传统教学过程是教师在课堂上传授知识，课下学生完成教师布置的作业，从而完成知识内化。翻转课堂颠倒了知识传授和知识内化的顺序，课前学生观看教学视频完成知识的传授，课堂上学生通过小组讨论、作业、任务、教师单独辅导等教学形式完成知识的内化。知识的内化是学习最关键的环节，而传统教学将学生最需要帮助的知识内化环节放在课下，这种情况下学生的知识内化效果往往不尽如人意。翻转课堂的显著特征就是将知识内化环节放在了有教师指导和帮助、有其他学生互帮互助的课堂内，能够更有效地促进知识的内化。

翻转课堂的主要理论基础是掌握学习理论和建构主义学习理论。布鲁姆认为，只要给学习者足够的时间和适当的教学，绝大多数学生都能掌握所学内容。他还指出学习者的学习效果之所以存在差异在很大程度上是因为学习者对课前知识的掌握水平不一。建构主义学习理论强调学习的主动性、社会性和情境性，学习者在一定情境下，通过主动探索和发现，在与教师和其他学习者的互动中主动建构知识的意义。教师是知识意义建构的引导者、帮助者和促进者，学生的主体地位突显。翻转课堂课前给予学习者充足的学习时间，能有效弥补学习者之间的知识差距。无论是课前还是课堂上，翻转课堂教学模式都充分体现了掌握学习理论和建构主义学习理论的精神。

随着可汗学院等微视频网站的出现，基于微视频的翻转课堂教学模式开始受到关注。国内外绝大多数翻转课堂采用微视频（大多在 10 分钟左右，最长不超过 20 分钟）进行课前知识传授。国内外一些学校（目前主要以中小学居多）已经或正在实施翻转课堂教学，并取得了良好的效果。

二、在笔译教学中实施基于 SPOC 的翻转课堂的必要性和可行性

（一）在笔译教学中实施基于 SPOC 的翻转课堂的必要性

目前我国的笔译教学存在一些亟待解决的问题，这些问题会严重影响笔译人才的培养质量。我国目前高校英语翻译教学仍然以传统的教学模式为主，即以教师为中心，知识的流动是从教师到学生的单向流动，在教学过程中师生、生生之间的合作和互动非常有限。教师注重的是翻译的终端，即学生的译文，片面强调语言知识、翻译知识和技巧的讲解，忽视对学生翻译技能的培养，学生的翻译实践能力较差。目前我国翻译教学偏重文学性主题，对于翻译市场需求巨大的实用文体训练不足，教学方式主要是教师讲、学生听和练的单一模式，学生的翻译实践能力没有得到有效提高。教师在课堂上以一成不变的模式反复讲评学生的翻译练习，容易使学生感到枯燥无味，逐渐对翻译课失去兴趣，学习效果会大打折扣。

无论是英语专业笔译课、翻译专业笔译课还是 MTI 笔译课，其教学目的都是培养学生的笔译实践能力。提高学生的笔译实践能力是笔译教学的培养目标，而笔译实践能力属于语言知识、翻译知识和方法等通过一定量的笔译实操进行的知识内化，是学生在教师的指导和协助下实践操作形成的。也就是说，笔译实践能力提高关键在于翻译知识的内化，而不是对翻译知识的了解。但目前大多数笔译教学以教师讲解为主，即重视语言知识、翻译知识与方法等的传授，忽视通过知识内化逐步提高笔译实践能力。笔译实践能力即笔译知识的内化，需要一定量的实操，并在教师的指导和协助下，在师生和生生互动中形成，这一关键步骤需以学生为中心，充分发挥学生的主体地位。

目前很多笔译教师在课后布置笔译练习，但课后学生遇到困难时，往往无

法及时得到教师和同学的帮助，学习效果大打折扣。虽然课堂上教师已经讲解了翻译知识和方法等理论性内容，并举例说明或者讲解了学生的翻译练习，但是教师的讲评没有针对性，因此无法有效解决学生课后遇到的问题，这种传统教学模式自然难以有效提高学生的笔译实践能力。传统教学只重视学习过程的第一步，即信息传递，并把这一过程放在教学过程中最重要的环节即课堂上，但往往忽略了最重要的第二步，即吸收内化，把这一关键过程放在缺少帮助和支持的课后环节。大多数笔译教学就是这样做的，教学效果自然不佳。随着信息技术的快速发展，知识的传授变得容易和便捷，教师应该改变原有的教学模式，将教学重心放在第二步。翻转课堂的最显著特色就是颠倒信息传递和吸收内化的顺序，将信息传递放在课前进行，将最重要的吸收内化放在有教师帮助和支持的课堂上进行，而且翻转课堂特别强调以学生为中心和在教学过程中的合作和互动，所以特别适合笔译课这样的技能课的开展。实施翻转课堂能够改变传统笔译教学模式的缺陷，使学生的笔译实践能力得到切实提高。

经考察，已有的 MOOC 课程还没有笔译相关课程，即使将来出现也不一定符合特定高校的实际情况，因此有必要开发专门针对本校笔译教学的 SPOC 笔译课程，这更能提高本校笔译教学改革的效果。而且 SPOC 更强调师生和生生互动，对学生的课前知识的掌握、疑难问题的解决和知识的内化具有更有效的促进作用。大多数上 SPOC 课的学生认为这种独特的教学模式可以让他们随时记笔记，出现问题可以及时得到帮助，更积极更深入地参与讨论，对课程内容的学习也更加深入。同时课程的结构得到调整，学生有更多的时间自己动手解决问题，课后的学习也变得更投入，可以说 SPOC 和翻转课堂是非常理想的匹配。在线学习缺乏教师的深度参与，学习效果并不理想，而传统课堂教学容量少、教学方式呆板，不利于学生知识内化，不能很好地满足学生个性化学习的需求。将在线学习和课堂教学有机结合能取长补短，取得更好的教学效果。翻转课堂是一种高效的课堂教学模式，SPOC 是一种卓有成效的在线学习模式，将两者结合在一起的基于 SPOC 的翻转课堂混合式教学模式能发挥它们各自的优势，消弭彼此的劣势，符合笔译人才培养规律，能切实有效地提高笔译教学效果。

（二）在笔译教学中实施基于 SPOC 的翻转课堂的可行性

由于传统笔译教学效果不理想，教师和学生都对笔译教学改革有较强的诉求。笔者在某市的一次翻译年会上对参会的 100 多位翻译教师进行了调查，65% 的翻译教师认为自己有较强的创新意识，希望探索翻译教学改革新途径，并在日常教学中加以实施；20% 的翻译教师认为自己的创新意识一般，可以考虑对翻译教学进行部分修正；10% 的翻译教师认为自己创新意识较差，进行教学改革折腾人又不见得有效；5% 的翻译教师未给出明确态度。如今，学生是生长在信息技术和互联网时代的新一代，他们习惯于通过智能手机、平板电脑、电脑等终端获取信息并与人交流，因此，学生对 SPOC 模式能够很快适应。笔者对所在学校 200 余名英语专业学生的问卷调查表明，60% 的学生认为自己的自主学习能力较强，30% 的学生认为自己的自主学习能力一般，10% 的学生认为自己的自主学习能力很差，容易受到外界干扰；在自主学习能力重要性的认识方面，大概有 95% 的学生认为自主学习能力很重要，应该在大学阶段予以强化。因此，学生能够较好适应或努力适应对自主学习能力有较高要求的 SPOC 模式。

现有的教学环境也为开展基于 SPOC 的翻转课堂笔译教学改革奠定了基础。目前绝大多数本科高校都拥有基于多媒体和网络的自主学习平台或教学管理平台。学生可以在平台上观看视频等教学材料，也可以和教师及其他同学交流；教师可以在平台上管理和监控学生的学习，这些平台已经能够满足基于 SPOC 的翻转课堂笔译教学的基本需要。当然，有条件的学校可以选择更专业的平台，还可以改进已有的平台以满足教学改革的需要。从上述分析来看，在笔译教学中实施基于 SPOC 的翻转课堂是可行的。

三、基于 SPOC 的翻转课堂笔译教学模式

基于 SPOC 的翻转课堂笔译教学模式属于混合式教学，主要包括建构性学习环境设计、在线学习、课堂教学和教学评价等四个主要环节。

（一）建构性学习环境设计

建构性学习环境设计主要包括在线学习平台的选择、校本 SPOC 课程的设计与开发、教学活动的设计等三个方面。SPOC 教学须在一个特定的能满足其需要的平台进行，目前我国绝大多数高校都拥有网络教学平台或教学管理平台，大多都可以接入国际互联网，但是 SPOC 教学特别强调互动性和教师管理与监控的便捷性，因此，应选择集教学内容发布与管理、在线交互、课堂教学、在线评价、在线练习与测试和教学管理与监控等功能于一体的平台。在进行基于 SPOC 的翻转课堂笔译教学前应对本校的教学平台进行考察，选择合乎要求的平台。

校本 SPOC 课程的设计与开发是建构性学习环境设计的核心。MOOC 课程的显著缺点就是缺乏针对性，很多课程互动性不足，教师的指导性不够，对高校教学质量的提高不明显。校本 SPOC 课程是根据本校学生的学习情况进行的针对性研制，是 MOOC 课程的校内版。在进行基于 SPOC 的翻转课堂笔译教

学前，笔译教师应该了解以往选上笔译课学生的情况和即将选上笔译课学生的现状，并结合笔译课的具体要求设计出符合学生实际、符合笔译课培养目标的校本 SPOC 课程。

校本 SPOC 笔译课程的设计与开发是基于笔译课教师甚至团队对笔译课的全面而深刻的把握，所有教学材料须具备很强的内在逻辑性，能够帮助学生逐步理解笔译相关知识并促进内化。笔译是实践性很强的课程，除了通过笔译 SPOC 视频等教学材料传授笔译相关知识外，还应嵌入笔译练习。若校本 SPOC 笔译课程设计不当，会影响课堂教学的质量，因此，建议笔译课程最好由笔译教师团队协作进行设计开发。教学活动的设计是本环节的关键，包括在线学习活动设计和课堂教学活动设计两部分。笔译课中，学生的学习过程至关重要，学生须在教学互动中和笔译实践中提升笔译技能。学生在笔译实践中体验翻译规则和积累翻译经验，在自主学习中深化认识并内化知识。笔译教师应该对在线教学和课堂教学的有效实施有一个清晰而科学的思路，使教学活动设计体现出较强的师生与生生互动性，营造一个学生适应的自主练习环境。教学活动的设计要能帮助学生有效理解笔译相关知识并内化成笔译技能。笔译教师对学生在线学习要有一个清晰而合理的设计：如何有效与学生在线互动，怎样引导学生解决实际翻译问题，如何以在线的方式介入指导和帮助学生，如何评价学生的在线学习成果等。此外，笔译教师还须认真设计课堂教学，根据学生在线学习的情况提炼课堂教学重点，选择能够有效帮助学生内化知识的教学方式。教学活动的设计是前提性和方向性的问题，对教学质量的提升至关重要。

（二）在线学习

在基于 SPOC 的翻转课堂笔译教学模式中，在线学习在课前进行。上笔译课的学生在平台上注册，形成一个虚拟班级，笔译教师通过教学平台向虚拟班级发布笔译课的教学计划和校本 SPOC 笔译教学视频等教学材料，要求学生阅读教学计划，使他们对笔译课的教学安排、教学目标等有一个清晰的认识，并逐级完成教学视频的观看，完成其中的嵌入性练习。学生在遇到问题时，可以通过平台在线交互功能与教师和其他同学讨论，解决疑难问题，没有解决的问题可以留待课堂解决。通过平台教师一方面可帮助学生解决疑难问题，另一方面也能充分认识学生学习的难点，并在课堂教学时针对性地进行解决，这大大提高了课堂教学的效率。根据笔译的特点，教师除了发布校本 SPOC 笔译视频等教学材料外，还可以适时发布笔译实操项目。这些项目可以是教师承接的翻译公司项目，也可以是教师精心选择的符合市场要求的笔译实操任务。教师将学生分组，各小组在线完成笔译任务，在此过程中，小组成员分工协作，在线交流与讨论，并在教师的在线指导和帮助下完成任务。笔译教师可以根据学生完成项目的情况，在课堂上帮助学生进一步深化项目，切实提高学生的笔译实践能力和翻译项目运作能力。项目的网际协作学习可以帮助学生有效内化笔译相关知识，有利于培养学生的协作能力和解决实际问题的能力，因为真实的翻译市场常以翻译项目形式进行且需要团队成员有较强的合作精神和解决问题的能力。高效的在线学习是课堂教学获得良好效果的坚实基础，笔译教师应特别重视这一环节，帮助学生很好地适应基于 SPOC 的翻转课堂笔译教学模式。

（三）课堂教学

基于SPOC的翻转课堂笔译教学模式的课堂教学环节是笔译知识内化阶段，是学生笔译实践能力形成的关键环节。课堂教学的主要任务是在学生学习校本 SPOC 笔译课程的基础上有针对性地指导和帮助学生解决疑难问题。

课堂教学主要围绕两大内容进行：一是笔译相关知识，二是课堂笔译实操练习。对于笔译相关知识，课前学生已经对所学知识有了基本的把握，记录下了仍未解决的疑难点，教师通过在线辅导和在线测试也收集到了学生笔译相关知识的欠缺点。在进行课堂教学时，笔译教师可以重点讲解学生的疑难点，还可以先让学生做小组报告，以检查学生的课前学习情况。小组报告可以让笔译教师了解到学生课前学习的情况，然后更有针对性地帮助学生理解难点。

相比笔译知识，课堂教学的重点要放在切实有效提高学生的笔译实践能力上，这就要求课堂教学充分体现翻转课堂的特征，即在课堂上教师应让学生以小组的方式完成笔译作业或项目。在此过程中教师要引导学生进行充分的交流和讨论，并全程深度参与，协助学生内化笔译相关知识和方法。比如教师可以布置一个与课前学习主题一致的 150 字左右的汉译英任务，教师先将学生进行异质分组，并要求学生先独立完成此任务；在进行任务前，教师要特别说明在遇到困难时应和小组成员交流和讨论，小组内不能解决的问题可以寻求其他小组的帮助，在这个过程中教师是引导者、协助者，对于个别学生的个性化问题给予及时地单独辅导。学生完成笔译任务后，教师要求每组选择代表上台展示译文并对翻译过程中遇到的疑难点和解决办法进行说明，然后请其他小组进行评价并给出自己的相关译法。这样的课堂教学方式能够让学生在教师和其他同学的支持下进行知识内化并逐步提升笔译实践能力。简言之，基于 SPOC 的笔译课堂教学应充分符合翻转课堂的要求，以学生为中心，在教师的引导和协助下加强笔译实操练习，使学生在与教师和同学的积极互动中内化笔译相关知识，进而切实提升笔译实践水平。

（四）教学评价

基于 SPOC 的翻转课堂笔译教学评价应是形成性评价和终结性评价相结合的产物，并且更加强调形成性评价。形成性评价主要包括学生课前在线学习情况、在线测试成绩、单元测试成绩和课堂作业完成情况及参与互动情况，终结性评价主要涉及期末考试成绩。由于基于 SPOC 的翻转课堂笔译教学模式重在学习过程，且特别强调学生的互动，因此，教师应该让学生知道学习过程对提高笔译实践能力的重要性，并提高形成性评价的比重。

四、基于 SPOC 的翻转课堂笔译教学模式面临的挑战

基于 SPOC 的翻转课堂笔译教学模式虽然有显著的优势，但也面临一些挑战。一是 SPOC 课程的制作有特定的要求，对此研究不深入的教师制作出来的 SPOC 视频等很可能不符合要求；二是各个 SPOC 视频教学材料须具备很强的内在逻辑性，体现出循序渐进的特点，视频常常是 10 分钟左右的微视频，这需要教师对整个笔译课程有全面而深刻的把握，才能使微视频内容重点突出，彼此很好地衔接；三是不少中国学生习惯于课堂被动听讲的教学模式，一下子转换到需要深度互动的教学模式可能会出现不适应的情况，影响教学改革的顺利实施；四是高质量的 SPOC 课程往往是团队努力的结果，彼此之间的密切配合和充分协商是必不可少的，有些高校技术人员的能力有限，或者任课教师对 SPOC 的理解欠缺，都会影响 SPOC 模式的教学质量。新的教学模式面临诸多挑战，但只要勇于面对，有效协调和整合各种资源，这些问题都能逐步得到解决。

SPOC 和翻转课堂是新兴教学模式，在国内外已经产生了广泛的影响，一些中小学校和高校都进行了教学实验并取得了良好效果。基于 SPOC 的翻转课堂笔译教学模式是一种混合式教学模式。该教学模式能弥补一般网络教学和常规课堂教学的缺陷，符合笔译教学规律，符合掌握学习理论和建构主义学习理论，能有效内化学生所学的知识，对提升学生的笔译实践能力有积极作用。国外高校常常将 SPOC 和翻转课堂结合起来，收到了良好的教学效果，得到了学生的普遍认同。SPOC 能促进大学校内教学改革，提升教学质量。我们应抓住机遇，认真研究 SPOC 和翻转课堂，推动国内的大学教学改革。

第六章　新文科建设视阈下英语笔译课程教学探索

第一节　新文科建设视阈下英语学科的建设与发展

一、新文科建设视阈下英语专业人才培养

在新文科建设视阈下，培养人才的方向和方法是重要问题。在人文类学科中，外语教育是非常重要的组成部分。英语是受到社会重点关注的语种之一，新文科建设离不开英语专业人才的培养。随着全球经济的发展，国际上对于英语专业人才的需求也呈现出多样化和多元化的发展态势。高等院校英语专业人才的培养不仅要适应社会发展的趋势，还要与地方经济、文化建设需求等适配，最终稳步提升英语专业人才的应用能力和各项素质水平，进而对社会发展产生帮助。

（一）新文科建设视阈下英语专业人才培养的特点

1. 突出英语学科人文性本质

新文科建设强调要突出人文学科的本质特征，要求能在人才培养当中注入正确的情感态度和价值观念。大部分人认为英语类专业是一种工具，不能直接产生经济效益，这样的观点也导致英语学科近几年被“边缘化”。英语学科本身是人文类学科，要注重其人文性展现。因此，在新文科建设要求提出之后，英语学科更应当平衡自身的人文性与工具性，不仅要训练英语专业人才的应用技能和相关通用能力，还要充分挖掘人文学科内部的价值导向功能，让学生的文化视野得到拓展。

2. 突出中国视野与现实关照

目前文化发展要求对中国优秀传统文化加以重视，积极传扬中国优秀传统文化，实现英语人才培养、现实关照与传统文化的输出统一，培养具有文化自信的英语人才，积极推动中国文化“走出去”。此外在新文科背景之下，英语

专业人才的培养不仅需要注重知识能力、人格塑造等方面的内容，还应当要求人才具备较高的国际视野和中国情怀，在对外交流的过程中积极传播中华文化和中国故事。培养国际视野并非只是让学生单纯地掌握外语，而是应当让学生在充分认识和了解本国文化的基础上，对其他国家的文化和语言给予尊重和理解，进而提升自己的眼界和格局。我国英语专业类的教材内容基本上是以英语国家的文学和文化为主的，但本国的优秀文化很少体现。因此在编写有关英语教材的过程中，需要融入我国优秀的母语文化，建设具有中国特色的学术话语、英语学科以及教材体系。

（二）新文科建设视阈下英语专业人才培养目标

我国英语专业人才培养主要以培养技能型英语专业人才和通用型英语专业人才为目标。前者侧重于对学生听、说、读、写、译等语言基本功的培养，后者强调培养具有很强的英语应用能力、精通外国语言文学与文化的英语专业人才。应当指出，这些人才培养模式在特定历史时期满足了社会对英语专业人才的需求。然而，自 21 世纪以来，我国社会的发展日益融入经济全球化发展的浪潮之中，国际交流和合作愈来愈广泛和深入，由原先单一的外事和对外文化交流层面拓展到政治、经济、教育、军事和科学技术等层面，而且我国在全球治理和国际事务方面发挥着愈来愈重要的作用。这一新形势的发展需要培养精通外国语言文学和文化、掌握相关专业知识，且熟谙中外文化差异和国际惯例的复合型高端英语专业人才。鉴于此，英语专业人才培养应当对接新文科发展战略，以语言文化教育与研究为本，培养复合型英语专业人才。这不仅是对新文科发展和社会需求的主动呼应，而且也是英语学科发展的内在要求和英语专业教育本质属性的体现。

当代人类社会面临愈来愈复杂的社会问题或科技难题，这些问题仅靠单一的学科知识无法解决，需要多学科共同参与。因而，许多跨学科研究或交叉学科研究领域先后诞生，语言学、文学和翻译学等英语学科的分支学科已开始与社会学、经济学、文化理论、法学和心理学等学科交叉，并产生了一些全新的分支学科或跨学科研究领域，如生态语言学、神经语言学、认知翻译学等。然而，要成功实现英语学科内部以及英语学科与其他学科之间的融通，需要一大批精通英语语言文学，并且掌握另外一门学科的专业知识和技能的复合型人才。

应当指出，英语专业教育不仅具有人文性，而且具有科学性。如果说英语专业教育如同一枚硬币，人文性和科学性就如同它的两面，两者之间联系紧密、缺一不可。英语专业教育不仅应关注生命的价值和人的生存意义，强调培养具有家国情怀和国际视野的英语人才，而且也应倡导采用科学的方法和科学的精神探讨语言教育和语言本体的特征与规律，尤其是大脑的语言发生机制。因此，在新文科建设视阈下，英语专业教育既要推进英语学科与人文社会学科之间的融通，重视对学生人文素养的培养，也要推动英语学科与计算机科学、医学等理工学科之间的交叉与融合，强调对学生科学素养和科学思维的培养。

（三）新文科建设视阈下英语专业人才培养模式构建

新文科是在传统文科基础上的新发展，并非是将所有学科进行杂糅，而是将不同层次、不同类别的学科壁垒打破，进而实现相互融合。这样做，一是可以消除现有的人文学科和社会学科之间的阻碍；二是可以扩大文理科交叉的范围和渠道。英语专业学科本身具备双重性质的内外跨学科特征，因此，高校更应当鼓励英语类专业学科开展跨学科体系的建设，打造优势学科专业，不断充实英语类学科的人文内涵，从而真正发现英语类专业学科未来的发展方向，运用国际视野和新的学科理念培养出适应现代社会发展进步的人才。

1. 建立跨学科、跨院校的英语专业人才培养模式

（1）跨学科、跨院校英语专业人才培养模式的要求

新文科建设应当对现有的人文社会学科当中的限制有所突破，并在文工和文理等更多的范畴内实现高跨度和大范围的学科领域交融，帮助学生在思维创新、个体能力以及人文素质等各方面得到全面提升。要推动新文科的进程，首先就要进行学科和专业之间的壁垒与障碍，积极应用英语学科本身所具备的跨学科性质，建立健全新式的英语学科体系。英语学科本身的开放性使其能够与其他各种学科进行交融，实现多元发展。

（2）建设跨学科、跨院校英语专业人才培养模式的具体方法

第一，高校应加强顶层设计水平，对现有的学科融合制度进行创新，积极构建学科融合的平台。部分高校受到资源、师资力量以及相关设备的限制，在培养新型的英语人才过程中存在着众多的困难。因此，在打破学科壁垒的过程中，高校要积极将英语学科与其他专业交叉融合，设置一些能够提升学生政治素养、人文素质以及历史涵养的通识课程。

第二，高校应当引导和鼓励学生根据自身与国家的需求，有意识地去选修和辅修有关经济、教育、医学、法律以及传媒等方面的课程，鼓励学生运用英语这一工具来传播中国故事，促使学生的跨文化沟通能力稳步提升。

第三，高校应改变英语类专业与其他专业割裂程度大的教学与学术状态，通过借助学校本身的学术资源优势，引导英语类专业与学校内部的优势学科实现进一步融合，进而找到创新性的学术突破口。在融合的过程中要注意避免出现知识的存量重组，应当在生产知识的基础上追求知识增量建设。

第四，高校应积极拓展学科视野，积极推动具有区域性和地域性的学术研究进程，引导英语类专业人才培养建设与区域经济发展同步。

第五，各高校应积极展开合作。高校不仅要借助其他院校的师资力量、科研机构、优质设备资源等，还要积极学习其他院校在建设英语学科方面的经验，搭建人才培养平台，建立起具有特色化和专业化的学术合作团队，促进跨学科和跨院校的学术研究，最终提高英语专业人才培养和教学水平。

2. 搭建“内生”“外引”师资双渠道

新文科教育对师资力量的要求不断提高。新文科建设要求教学的内容能够实现动态更新且具备综合性，因此教师必须具备多个学科的知识内容，搭建起体系化的结构。目前我国在职的英语专业类教师自身的知识供给存在着固化的现象，学科结构相对来说比较单一，这使得英语类专业师资队伍力量难以支撑在新文科建设视阈下的英语专业人才培养。因此高校需要建设良好的教师队伍，优化教师的知识结构。

（1）构建“外引”师资渠道

建设优秀的师资队伍并非是短时间就能完成的事情。“外引”指的是高校可以引进科研项目合作的多学科与创新科研人才，以及教学经验丰富的新型英语教师，以此对现有的师资人才队伍产生积极影响，尽可能在短时间内对英语教师队伍结构进行优化。例如，学校可以不断增强现有的人才引进战略，若自身的平台优势和条件无法吸引高素质的人才，要尽可能在待遇方面给予一定的倾斜，使高层次的人才能留在本校。此外，高校还要重视人才引进政策的落实程度，减少人才资源浪费的情况。

（2）搭建“内生”师资建设渠道

“内生”指的是对在职教师进行培育和选拔，以此提高师资水平。培养英语专业类师资队伍时可以运用多层次培养模式：一是培养学术领军人才和学科带头人。高校可以派遣学科带头人、骨干教师等前往国内外高层次的院校进行深入的学习和培训，并与其他院校展开学术交流，以此来提升教师的学术能力、专业素质以及教学能力等，拓宽英语专业类教师的国际视野。在这些教师的带领和示范下，其他的英语专业类教师也能够不断提高自身的水平和能力，进而建设高水平和高学术素养的英语专业类教师队伍。二是要积极培养青年教师，增大教师的储备力量。高校可以引导和组织青年教师参与教学能力提升比赛、专业教学能力培训活动等，促使青年教师进一步提升自身的学术水平和教学水准。在这个过程中，青年教师还能了解到最新的教育教学理念，革新现有的教学模式和方法，把教学与教育理念相结合、与时代发展相匹配。

我国社会经济发展进入新的层次之后，对人才培养也提出了新的要求。在这样的背景下，新文科建设应运而生。英语专业人才不仅需要具备较强的专业知识技能，还应当具备较高的人文素养和综合性的知识结构。高校一方面应当积极推动英语学科建设的内外部融合，另一方面还要加强师资力量的提高，保障英语专业人才培养模式得以顺利开展。

二、新文科建设视阈下英语学科学术研究

新文科之所以“新”，不仅体现在新文科强调培养文文交叉和文理交叉人才上，而且也表现为新文科倡导文科内部以及文科与其他学科在学术研究层面的融通。因此，新文科建设视阈下英语学科学术研究应当走学科交叉尤其是文理交叉的发展道路，推进英语与各学科的跨学科研究。

（一）新文科建设视阈下语言学研究

语言是人类社会最复杂的现象之一，既与人脑和声波相关，也涉及社会文化和人类社会发展的历史。因此，以语言为研究对象的语言学不仅关注语言的生理属性和物理属性，而且也研究语言的社会属性。

自20世纪下半叶以来，语言学研究在经历一个多世纪的语言本体研究阶段之后，呈现出愈来愈显著的与其他学科交叉与融合的趋势。一方面，语言学与人文社会科学交叉并形成一些语言学分支学科，如社会语言学、心理语言学和人类语言学等；另一方面，语言学与数理统计和计算机科学等进行交叉，产生数理语言学或计算语言学等分支学科。鉴于此，新文科建设视阈下语言学研究不仅应推进语言学与人文社会科学内部其他学科之间的交叉，而且还应当以语言文化研究为本，以信息技术的应用为基础，从信息科学、数据科学、计算机科学和神经科学视角开展语言学研究，如计算语言学、语料库语言学、神经语言学和语言智能等领域的研究。目前，国内语言学分支林立，学派之间壁垒森严，每个学派往往只从自身理论视角对语言现象进行分析，往往失之于片面，从而削弱了自身理论解释的充分性。然而，开展语言学的跨学科研究不仅能够

拓展语言学研究的疆域，丰富语言学研究的内涵，而且能够打破语言学分支学派之间的壁垒。

（二）新文科建设视阈下文学研究

文学研究是关于文学文本特征、文学与社会和文化以及与文学活动相关的人类精神和情感等领域的相互关系研究。自诞生之时，文学研究便具有跨学科特性。学界常常以社会学、宗教学、政治学、法学、伦理学和人类学等人文社会科学知识为依据对文学进行阐释。近年来，学界开始尝试利用认知科学、心理学、神经科学、计算机科学和数据科学等自然科学知识和理论来分析文学现象和文学理解过程。在新文科建设视阈下，文学研究同其他学科研究之间的交叉融合、研究方法的多元化和信息技术的应用成为文学研究的重要特征。为此，我们应当大力推进文学研究与其他人文社会学科之间的交叉与融合，开展文学与宗教、文学与政治、文学与法学、文学语言学、文学社会学、文学伦理学和文学人类学等领域的研究。文学与宗教、文学与政治、文学与法学等领域的研究侧重于分析文学与宗教、政治和法律之间的互动关系。文学语言学以文学作品语言为研究对象，系统分析文学语言的地位、作用、性质、特征、类型、风格，以及文学语言的接受等理论问题。文学社会学即采取社会学视角，运用社会学理论和方法对文学作品、文学活动进行研究。文学伦理学是指借鉴伦理学方法，从伦理的立场分析文学作品、作家以及文学相关问题的方法。文学人类学是指从人类学与文学之间的相互关系的角度对文学作品或文学现象进行研究的方法。

另外，我们应重视语料库技术和数据挖掘技术在文学研究中的应用，开展基于语料库的文学作品、作家、文学理论和文学史等领域的研究。基于语料库的文学作品研究涵盖文学作品的文体特征、主题与意义、人物形象、创作技巧与手法以及文学作品的接受与传播等领域的研究。基于语料库的作家研究采用语料库方法，在作品分析的基础上探讨作家的创作风格及其创作理念。基于语料库的文学理论研究主要包括文学流派理论研究和语料库叙事学研究。前者旨在采用语料库方法对具体文学流派的文学作品在叙事结构、创作手法和创作风格等方面所呈现的趋势和特征进行分析，探讨该流派的创作理念和主张是否体现于其创作实践之中。语料库叙事学是采用语料库方法分析叙事文本形式与结构以及叙事效果的研究，其研究领域包括叙事视角、叙事结构、人物塑造方式和叙事进程等。基于语料库的文学史研究则以语料库的应用为基础，分析文学发展的过程和规律，探讨文学发展与社会文化因素的关系以及本民族或本国文学与其他民族或其他国家文学之间的关系。应当指出，文学研究走跨学科发展道路是大势所趋。

（三）新文科建设视阈下翻译研究

与其他人文学科相比，翻译学是最具跨学科特征的学科，它既涉及人文科学，如翻译美学、翻译诗学、翻译文化史，又涉及社会科学和自然科学，如翻译社会学、认知翻译学和机器翻译研究等。此外，新文科建设视阈下英语学科的学术研究要求走学科交叉尤其是文理交叉的发展道路。鉴于此，新文科建设视阈下翻译研究应当以跨学科研究为主要发展路径。

其一，我们可以从人文学科视角对翻译现象或翻译事实进行阐释，探讨翻译的本质和翻译的规律性特征。我们可以依据相关哲学思想，阐述翻译的本质、翻译与意义的关系以及译者的主体性等理论问题，从阐释学角度探讨翻译文本意义的理解过程和翻译的主体间性，从美学角度分析翻译作品的创造性和美学价值。我们可以运用有关语言学理论和原则分析翻译文本的语言特征、译者风格、翻译策略和方法以及翻译过程等。

其二，我们可以从翻译与社会、翻译与伦理、翻译与意识形态以及翻译与心理等层面探讨翻译的本质和翻译的规律性特征，推动翻译社会学、翻译伦理学、批评翻译学和翻译心理学等领域的研究。翻译社会学形成于翻译学与社会学之间的结合，旨在分析各种社会因素对翻译的影响，探讨翻译的社会历史、社会文化、社会机制和产业化等问题。翻译伦理学是伦理学原理在翻译领域中的具体应用，是关于译者的权利、责任和义务，以及译者所遵循的价值准则和规范的研究。批评翻译学是翻译学与批评话语分析之间的有机结合，是指在描写性译学框架下依据批评话语分析的相关理论和原则，揭示翻译与意识形态之间互动关系的研究。翻译心理学产生于翻译学和心理学的交叉，研究译者双语思维的加工模式、译者的审美心理因素和译者翻译过程中的心理活动特征和规律。

其三，我们可以推动翻译研究与计算机科学和信息科学的交叉与融合，利用以语料库技术数据挖掘技术和地理信息系统为代表的数字技术开展数字人文视阈下的翻译研究，应用键盘技术和眼动追踪技术开展翻译过程研究。数字人文视阈下的翻译研究是数字技术与翻译技术交叉融合之后形成的翻译研究范式，其研究领域主要包括翻译文本研究、译者研究、翻译史研究和翻译教学研究等。具体而言，我们可以开展基于语料库的翻译概念史、翻译与中国形象、译者风格翻译规范、批评翻译学和口译等领域的研究。我们可以利用文本数据挖掘技术来探讨学界或普通读者对具体翻译文本的关注热点、认知和态度，利用地理信息系统技术分析具体翻译作品传播的路线与趋势。

三、新文科建设视阈下英语学科师资队伍的建设

综上所述，新文科建设视阈下英语学科应当以语言文化研究为本，着力培养复合型英语专业人才，大力开展跨学科研究。然而这些目标能否成功实现，直接取决于我们是否拥有能够满足新文科建设和发展需求的英语学科师资队伍。我们应从以下几方面入手，着力建设能够对接新文科发展的英语学科师资队伍。

首先，我们应当根据新文科建设的目标，有序引进复合型英语专业人才。复合型英语专业人才是指具有两种或两种以上学科知识、能力和素养的人才，其中以英语学科为主，以其他学科为辅。这些人才的知识结构已实现英语学科与另外一门学科的知识和技能的有机融合，故而常常可以从其他学科的独特视角发现通用型英语专业人才或其他学科专业人才所不能发现的英语学科研究课题。而且，这些人才是建设新文科的重要前提。

其次，我们应当加强现有师资的培养，通过在职攻读学位和国内外研修等方式，帮助教师了解互联网技术、数据挖掘与分析技术等，使他们具备科学分析思维，习惯并擅长运用新技术对人文社科类问题进行再发现、再解析，真正实现文理交叉、多学科交融。

再次，我们应当对现有教学院系进行重组，组建跨学科教学团队和研究团队。目前，国内高校院系等二级办学单位和科研机构基本上都以学科为基础设置，院系之间缺乏实质性的交流与合作，这使得学科资源共享和跨学科研究面临诸多障碍。而且，国内高校资源配置、人事聘任和考核评价等均以院系为单位，条块分割的管理体制加剧了学科之间的隔阂。因此，我们可以依据复合型英语专业人才培养的原则和英语跨学科研究的目标，在聘用复合型英语专业师资的同时，聘用相关学科的专业人才，增强英语学科与相关学科师资之间的交流与融合，以构建结构合理、文文交叉或文理交叉的新文科教师团队。

最后，我们应当探索建立符合新文科建设所需要的科研评价体系和教师职务职称评聘制度，实现教师评价的多元化。我们应当鼓励教师把更多精力放在复合型英语专业人才培养上，引导教师重视交叉学科研究，及时将科研成果转化为教学内容。

第二节　新文科建设视阈下高校英语课程改革的新思路

新文科建设是国家高等教育内涵式发展战略的重要一环。新文科建设强调“人文社会科学 +”的跨学科交叉融合优势，强调互联网、人工智能、大数据等新技术与人文学的结合。新文科建设还强调传统文科和传统理工科之间的互补性，即新文科建设不仅可以有效弥补人文学科在技术和科学思维方面的短板，而且可以弥补理工学科在人文底蕴和人文精神等方面相对缺失的一环。新文科建设致力于培养能够满足国家战略需求和社会需求，既有专业知识和技能，又具有国际前沿视野、家国情怀、全球竞争力的一流人才。

新文科建设视阈下高校英语课程改革应强调对标意识，实现“英语专业化、专业英语化”。高校英语课程改革应对标高校英语课程的初心、对标国家英语能力和国家战略发展的需求、对标跨学科领域融合发展的需求、对标社会各行业的需求、对标国内外学术共同体的需求、对标学生个性发展需求。那么，在新文科语境强调的学科交叉融合发展的大趋势之下，高校英语课程应如何满足国家战略发展需求、社会需求、时代需求以及学生个性发展需求，怎样为国家战略需求、学术前沿研究、学生职场需求等服务并提供语言技能与研究方法上的支持，这既是新时代赋予新生代高校英语人的历史使命，也是高校英语课程改革和课程体系深度建设的初心。因此，这六个层面的对标可以较好地呈现新文科建设视阈下高校英语课程改革的新思路。

一、高校英语课程的现实困境、初心与再出发

（一）高校英语课程的现实困境

高校英语课程走过了统一性与规范性的发展阶段，这在该课程设立之初及当时的时代、科技背景下具有历史功绩。统一性与规范性强调高校英语课程的人文属性；而正是过于强调高校英语课程的人文性、相对忽视英语的工具性的这一面，导致了英语学科“无所用”或“不具实用性”的批评。这既是全球化时代文科边缘化危机的体现，也是新时代背景下高校英语课程的生存危机，如高校英语课程话语权的逐渐缺失、高校英语教师逐渐被学科边缘化、高校英语课程学分不断被压缩等。

（二）高校英语课程的初心与再出发

高校英语课程走过了从强调课程的专业属性转向强调人文属性，进而强调专业属性与人文属性兼而有之的发展历程。其发展历程大致可分为 4 个阶段：第一，1978—1986 年，注重高校英语课程为各学科专业服务的倾向性教学阶段；第二，1987—2001 年，高校英语课程转向为夯实学生英语基础的倾向性教学阶段；第三，2002 年以后，强调高校英语课程与信息化技术相结合，强调高校英语课程具有工具性和人文性有机统一的发展阶段；第四，2010 年以来，倡导高校英语教学需从以人文素质提高为隐性目标的教学范式转向为专业服务的显性教学目标。

有学者指出，1999 年《高校英语教学大纲》的颁布表明高校英语课程已基本完成了“去专业化”的过程，正朝专业化属性回归的方向迈进。根据上述的论述，可以将高校英语课程的发展历程归纳为“专业化—去专业化—再专业化”。在对标国家战略发展需求时，高校英语课程应根据国家、社会、时代的需求主动适应、主动服务。对专业化属性的强调体现了老一辈学者对高校英语课程为专业服务、培养对标国际前沿科技人才的美好夙愿，而“去专业化”的过程则是高校英语课程为满足夯实学生英语基础的内部需求而主动求变。多年的高校英语课程改革已初步实现了夯实学生英语基础的目标，但也饱受高校英语课程与基础英语课程“同质化”的批评。

有学者提出高校英语课程应主动对标国家战略发展需求，主张当下的高校英语课程应朝多元化、个性化及工具化的方向迈进。对标意识表明，高校英语课程应回归其专业属性，应在服务专业学习的过程中兼顾对人文素质的培养。这正是出于摆脱高校英语课程发展之困境，促进高校英语课程内部主动求变、回归初心的重要举措。

二、高校英语课程改革的新思路

（一）对标意识

对标原指制订与控制相关的文本的对齐方式。对标实际上就是对照最高标准、最好水平，找准差距、发现新目标、发掘新驱动力。本节将高校英语课程在发展过程中主动与国家战略需求、社会需求、时代要求、学术前沿研究需求及个体需求相结合的感知情况称作对标意识。

对标意识强调学科发展与国家、社会、时代及个性发展之间的互动关系，在对标中找差距并努力朝更高标准不断前行。对标意识的外化形式为课程发展与各层级的需求之间的对齐。

强调高校英语课程的对标意识就是为了“知己知彼”，既“知”高校英语课程之发展困境，又“知”高校英语课程已取得的成就；既“知”高校英语之发展脉络，又“知”高校英语之发展趋势。

从高校英语课程发展历程的纵向对比之中，对标意识强调对高校英语课程改革已取得成就的肯定，并从高校英语课程改革脉络中发现值得继承的优良做法，如高校英语课程与信息技术的主动对接。同时，在高校英语课程与国家需求、社会需求、专业发展需求、学生个性发展需求等的横向对比之中，找到高校英语课程当前还存在的差距和不足。

因此，高校英语课程改革应主动对标国家、社会、时代、学科发展、学生个性发展之需求，增强高校英语课程改革的紧迫感，形成奋起直追的干劲。

（二）对标意识指导下的高校英语课程改革

1. 对标高校英语课程的初心

在兼顾高校英语课程人文属性的同时，强调英语为专业学习服务、为各学科内涵建设服务、为科学技术发展服务的工具属性是高校英语课程的初心。许国璋和杨惠中两位先生都曾公开表明英语能力在实现科技现代化的道路上具有举足轻重的地位。虽然高校英语课程在过去 10 多年强调夯实英语基础的过程中确实取得了不小的成就，但是面临的问题和困境也不可忽视。首先，学生在日常的英语听说能力方面确实得到了很大的提高，但学生的阅读速度非常慢，无法适应学科融合发展及专业知识学习和工作的需要。其次，大学生的英语书面表达能力尤其是写作模式过于僵化，无法适应新时代科技发展和学术共同体内部顺利交流的需要。最后，大学生在使用英语这一工具检索、获取学科和专业发展的前沿信息的能力还有所欠缺，不能满足新文科建设视阈下跨学科交流学习和工作的需求。

2. 对标国家英语能力和国家战略发展的需求

新文科建设视阈下的高校英语课程改革应首先满足国家战略布局的需要。高校英语课程改革应以国家需求为风向标，积极探索满足国家需求的新定位和再出发点，在有效提升大学生的英语能力、学习能力、跨文化交际能力上下功夫，这样才能在高等教育中找到自身的定位。

吴岩指出，双一流建设的核心在于双一流人才的培养。一流人才不仅需要专业的知识和技能，还应具有国际视野、爱国情怀、世界公民意识和跨文化沟通能力。一流人才培养的关键能力之一就是英语能力，因为英语能力是沟通专业知识与国际视野的重要桥梁。英语能力是对标国际学术前沿知识、科技知识、管理经验、思想理念的重要媒介。专业知识的获得不能仅靠国内出版的中文教材及学术著作，还应有赖于使用英语高效地获得信息和知识的能力。以英语作为工具获取学术前沿的最新发展是因为 95% 的学术领域内的最新知识都是用英语写就的。因此，具备国际视野应具备对标国际学术前沿的意识。具备跨文化交际能力则是对标学术共同体的学术规范、学术话语体系的需要。跨文化交际主要是在学术共同体内部实现的，具有专业领域的特异性。因此，跨文化交际能力不仅应关注不同国家、民族的风土人情、思维习惯等语言与文化层面的内容，还应聚焦学术共同体内部的学术规范、学术传播、学术话语体系中的交际。

国家英语能力需求为“大英语”的学科内涵建设指明了方向。传统的以人文性为主的高校英语课程体系主要是根据英语专业的学科属性而制订的。在新文科建设视阈下，高校英语新课程体系应涵盖人文知识类通识课程、通用学术英语课程、专用学术英语课程以及学术共同体内或学科领域内部的跨文化课程。

3. 对标跨学科领域融合发展的需求

首先，新文科建设强调高校英语课程与信息技术的对标，即深度融合。互联网、人工智能大数据等新技术在很大程度上改变了人们的知识结构、认知方式，甚至生活模式。可喜的是，网络信息技术与英语课程的整合使得高校英语教学改革自 2003 年起就一直强调信息技术人工智能以及虚拟现实等新技术的不断融入。新技术与高校英语课程的深度融合促进了智能型学习时代的到来，使教育技术实现了从辅助语言学习向支持语言学习的路径转向。新技术给高校英语课程发展既带来了机遇也带来了挑战。

其次，新文科建设还强调传统文科和传统理工科之间的互补性，即新文科建设可以有效弥补人文学科在技术和科学思维方面的短板以及弥补理工学科在人文底蕴和人文精神等方面相对缺失的一环。对标意识强调高校英语课程应构建一个动态、多元的语言学习生态环境。鉴于此，在新文科建设视阈下，高校英语课程与信息技术及理工学科理应在良好的交融与互动中进一步发展。

4. 对标社会各行业的需求

对标意识强调高校英语课程应与社会各行业的需求相向而行。语言学习者应在社会、组织或学术生活中，能有效灵活应用语言；也应能理解专业领域的技术性讨论话题，满足用语言进行专业学习和研究的需求。如果说自 2003 年起的高校英语课程改革强调听说能力的优先发展是对标当时的社会职场领域需求，那么，新文科建设背景下的高校英语课程改革强调基于语域的语言应用能力建设则是进一步对标新时代社会行业发展需求的必然举措。

2003 年起的高校英语教学改革提出优先发展大学生的听说能力。以听说能力的优先发展为契机，改变之前的读写能力优先的学习顺序，强调听说读写能力的协同发展，就是顺应社会行业需求的具体体现。

5. 对标国内外学术共同体的需求

学术共同体是学科理论知识与学科深度发展的集合体。任何学科的理论知识建构与传播都是建立在符合特定学科规范的语言基础之上的。任何学科的学习者均是该学科学术共同体中的新成员。对标学术共同体内部交流的需要，要求任何新成员在融入学术共同体、开展学术生活之前均应接受符合学术共同体内部交流所必需的训练，即接受符合特定行业的典型职场场景的交流所必需的学术规范训练和语言训练。

新文科建设背景下高校英语课程改革对标学术共同体的需求更是强调学科建设应满足创新创业的发展需求。创新不仅需要学习者和研究者对自己所在的学科共同体的基础知识进行掌握，更需要学习者和研究者了解世界上最前沿的专业领域知识和最新的思想，借鉴并应用最先进的科学技术和研究方法。这既是学科发展的必经之路，也学科发展对标学术共同体需求的必然要求。如果学习者和研究者不能高效地使用英语来获取最前沿的文献信息，不能有效地用英语在学术共同体内交流自身的研究成果，那么创新创业终将沦为纸上谈兵。

6. 对标学生个性发展需求

长久以来，以通识英语教学为导向的高校英语课程教学强调对英语基础知识和基础交际能力的掌握，致使高校英语课程饱受与基础英语教学同质化的批评。有学者指出，当前高校英语课程与学生个性发展需求之间的矛盾已转变为学生希望能学习学科前沿知识与课程应试教育之间的矛盾。

网络信息技术支持下的语言学习已进入智能学习时代，高校英语课程的学习内容、学习方式等均发生了重大的转变。高校英语课程教学内容确实不应再与基础教育的教学内容同质化。原因在于：首先，大学生作为一个拥有较高智商和完备认知能力的个体，经过中小学阶段的基础教育已然对英语的基础词汇、基本句法特征有了较好的认知。其次，高校英语区别于基础阶段英语教育的最主要方面在于大学阶段的英语学习应是建立在基于特定专业领域之上的真实语言使用，它既是对基础阶段所学语言知识的深化和应用，也应为专业领域的前沿知识学习做必要的准备。因此，在学习内容方面，大学阶段的英语学习不仅需要强化英语基础知识，提升学生日常或职场领域的英语口头和书面表达能力，而且还需要为接下来的专业领域前沿知识的学习提供语言支撑。如果高校英语课程受制于教材所框定的教学内容或局限于以人文知识体系为主的基础语言知识的学习，就有不能满足当下大学生对英语课程学习和新知识学习的期待。

事实上，使用英语获取国际学术前沿知识，不仅是对现有高校英语教学内容的一种重要补充，更是一种方法论上的训练。学习方式的转变有赖于教师教学理念和学生学习理念的转变。学习理念的转变带来的不仅是学科知识体系的增加，还是学习方式的全新变革。在追踪学科前沿知识的过程中，学习者可进一步学习英语作为全球语的语言使用知识和语言使用规范，也可吸收国际上最先进的学习理念，还可接受学术研究方法上的训练。因而，新文科建设建设视阈下的高校英语课程改革不能只理解为其是一个学科建设问题，它还是一种新的教学理念的更迭，更是一种方法论上的严格训练。

强调对标学生个性发展需求就是基于学生紧跟国际学术前沿，渴望学习新知识、新理念、新方法的个性化需求的一种正面肯定。这既可以满足学生当下个性化学习的需要，也可满足学生在不久的将来在社会和职场上的工作需要，还可满足国家战略发展和新时代的需要。

可以说，新文科建设不仅是一个学科建设问题，还是一种方法论和一种新理念，更是一种学科内部的自我革新。学科的交叉与跨界的融合，不仅伴随着学科间关系的变化，还带来了知识体系的根本性变化。

上述六个层面的对标较好地呈现了新文科建设视阈下高校英语课程改革的新思路。本节对提高新文科建设及高校英语课程体系改革方面具有一定的参考价值。实际上，新文科建设视阈下的高校英语课程改革才刚刚开始，还有很多未做、可做、必须做的事情。

第三节　新文科建设视阈下英语笔译课程建设的探讨与思考

一、在新文科背景下展开笔译课程建设的优势

新文科建设与新工科、新医科、新农科的建设有所不同，这是它的学科性质决定的。文科是以人、人类社会为研究对象的科学，是关系人的精神塑造和社会体系构建的，关系人的道德、情感、理想、信念的塑造，旨在培养健康理

性的人，培养文明和谐的人，而绝非像其他学科那样多是培养人的某些方面的技术或技能；并且它还关乎一个民族、一个国家的兴衰，在保证国家沿着正确的政治、经济、文化发展轨道健康发展，在全面培养和提高国民整体素质方面起着无可替代的关键作用，因此，它具有更基础、更深层次、更具有理论指导性的特点。

因此，对于在新文科背景下创新推动笔译课程的建设工作而言，必须解决好新文科建设视阈下翻译专业建设中的核心问题以及与现实中国的关系问题，建设真正能够立足于中国立场、有中国精神特质、体现出中国特色的翻译专业，才能够适应当今中国的特色社会主义现实需要，解答一系列重大理论课题，构建领先的学科理论体系和话语体系，真正形成特色鲜明的中国翻译学流派。

二、笔译课程发展历程回溯及当前建设现状

（一）翻译专业课程教学发展历程回溯

翻译课程主要由笔译与口译两部分组成。在教学初始阶段，翻译并不是作为一门系统化的课程进行设置的，而是作为学习方式的一种，用于各类英语解释与理解中。经过不同时期专业教学的发展，各个高校英语专业开始设定专业化的翻译课程教学，从而使得英语专业翻译课程教学开始转变为更为完整的课程教学体系。翻译专业学科开始逐渐从英语教学的整体中剥离出来独立发展，并且能对传统教学过程中存有的各项问题进行优化。

在教学活动开展过程中教材是重点，教材改革也是教学改革的重点，所以在教学活动开展的初始阶段，教师要注重对翻译教材进行编写。

如今，随着翻译专业学科不断发展成熟，其学科专业建设发展中选取的翻译教学方法也在不断创新。教学方法贯穿在教学的各个环节中，是全面提升教学成效的重要保障，所以各个教育时期的教育工作者都在对教学方法进行创新。与此同时，翻译教学法也在全面发展，开始引入更多更先进的教学理念与教学措施。

（二）当前笔译课程建设现状

虽然在当前新文科背景的要求下，笔译课程的建设也逐渐在朝着顺应新文科发展要求的步伐在行进，但是在自身的学科建设过程中还是暴露出了许多的问题，导致学生的学习成效与教育成果难以提升。目前大多数英语专业大学生在翻译过程中都是逐字逐句进行对比翻译，导致实际翻译出的句子

不能真实表达原意，存有较多问题，与汉语表达习惯难以有效对应，通畅度较低。

三、结合新文科背景开展笔译课程建设的策略

（一）结合新文科核心要求，打造富有中国特色的笔译课程

对于部分新生来说，他们从未接触过英语翻译的相关知识，缺乏完备的翻译理论，翻译能力也有待提高，所以，当前在基础阶段翻译教学活动中，主要选取对于“翻译结果”的批评法。此类方法就是在教学过程中，引导学生完成规定的翻译练习，然后对译文进行评价与更改。因此，为了保障教学效果能全面提升，打造符合新文科背景的笔译课程，在实际教学过程中，教师要对多方面内容进行控制。在对学生的学习成果进行点评时，要融入各类基础性翻译方法与理论知识讲解，这样能为学生今后的学习发展奠定基础，并且能够更符合中国语言的翻译特点。

（二）以“翻译过程”为教学主体，融入新文科背景教学要求

从长期的教学实践来看，在高校英语专业学生翻译技能培育过程中要依据新文科发展背景设定更为规范、完整的翻译教学体系，这样才能够真正推动中国的笔译课程走向成熟。在打造翻译专业突出新文科教学特点的关键时期，各类针对性的翻译课程教学内容在不断增多，翻译理论知识在讲解过程中开始从零散化转为系统化。为了能够顺应新文科发展的要求，有学者将翻译理论讲解过程融入教师讲评过程中，对过去传统化的三段式教学模式进行优化。

（三）灵活应用多种教学方法，凸显新文科笔译专业教学方向

近年来各个高校对笔译专业建设的研究逐步朝着新文科要求方向深入发展，在教学实践与研究过程中能认识到笔译本质并不是对各类语言进行符号转化，而是一种复杂程度较高的社会情境交际行为。其过程涉及社会因素与文化要素等，在高校英语笔译教学中要对过去传统化的语言进行摒弃，将文化语境、情景语境等全面融入英语笔译教学实践活动中，以此才能建设出符合当今新文科现代化教育要求的笔译课程。在教学过程中可以选取任务教学法，在课堂实践过程中融入较多实践活动，通过情境再现确定交际目标。此外，也可以采用案例教学法来完成对新文科建设视阈下笔译专业建设的要求。在案例教学法应用过程中，就是要通过具体案例进行引导，鼓励更多的学生参与其中。

第四节 新文科建设视阈下英语笔译课程建设原则与路径

在新文科建设背景下，传统翻译专业的转型升级，以及寻求与其他专业、其他学科的融合发展不能一蹴而就，需要一定的前期市场分析、调研论证，需要结合各院校所处的地域特点进行分析论证，不可盲目跟风，造成同质化发展。翻译专业建设涉及方方面面，是一个系统工程。如翻译专业建设不能过于强调专业方向，学生只专注一个领域，反而会限制学生的就业范围；专业方向设置上出现了口笔译一体化方向等。未来，无论是翻译教育从业人员，还是其他教育从业者都应扛起时代赋予的责任与使命，不能故步自封、画地为牢，堵住专业发展的其他可能性。在新文科建设视阈下，专业建设者应采取“以攻为守”的方式，面向未来去探索新的知识领域、开创新的知识空间、寻求新的发展空间。

一、笔译课程建设的原则

学界对新文科尚没有明确界定，有学者认为新文科在建设目标上，由被动适应走向主动引领；在学科管理上，由学科专业目录导向转向现实需求导向；在人才培养模式上，由单一专业培养走向多学科、模块化、产学研一体化培养。亦有学者认为中国建设“新文科”的核心要义是要立足新时代，回应新需求，促进文科融合化、中国化、国际化，引领人文社科新发展，服务人的现代化新目标。还有学者认为，新文科的内涵包含两个方面：一是以现有文科专业为基础，赋予文科专业人才培养新内容，二是在文科人才培养模式上实现跨学科专业的新突破。在笔者看来，新文科建设主要应体现“积极应变，守正创新，融合发展”这三大原则，而笔译课程建设也应紧扣新文科建设内涵。

（一）积极应变

就笔译课程建设而言，积极应变包括两方面的含义：一是积极应对国家战略发展需求。当前“一带一路”项目稳步推进，2019 年 8 月底，已有 136 个国家和 30 个国际组织同中国签署“一带一路”方面的合作协议，国与国之间的互联互通不断加强。中国参与国际事务，加强与全球各国的分工合作，在世界上的影响力逐步加强。同时教育部还颁布了《高等学校哲学社会科学“走出去”计划》，全国哲学社会科学规划办公室启动“中华学术外译项目”，国务院新闻办公室与新闻出版总署启动“中国文化著作对外翻译出版工程”。国家的一系列战略决策都需要高端翻译人才做好“船”与“桥”，积极服务于国家的整体发展战略。二是积极应对不断发展变化的市场需求。随着科技进步，出现了如人工智能、大数据、区块链、基因工程、虚拟技术、5G 技术等新技术，也出现了互联网 + 金融、互联网 + 营销等新业态，这对翻译行业以及其他语言服务行业提出了新要求。此外，随着机器翻译技术在语言服务行业的广泛应用，技术更新日新月异，这对翻译人才而言本身就是一大挑战。

（二）守正创新

“守正”即笔译课程建设中要注意笔译课程自身的专业性与特殊性。在我国，多所院校都开设了笔译课程，但就目前设立的大多数课程来看，不过是英语专业的翻版，加上了一些带“翻译”两字的课程而已，缺少作为一个新专业的总体设计。翻译作为一个专业，不能仅停留在语言层面，会英语不等于会翻译，翻译与文化的关系更为紧密，因此笔译课程需要当成一个文化专业来建设，凸显其专业性。特殊性是相对于英语专业的单语性而言，笔译课程更凸显其“双语性和交互性”，如果说母语是英语专业的天花板，那么对笔译课程而言，母语水平就是生命线。“创新”即笔译课程建设要摆脱传统的翻译人才培养模式，简单的翻译技巧训练无法从真正意义上提高学生的翻译能力。创新学生的培养模式，积极拥抱人工智能、大数据、云计算对翻译行业产生的影响；创新翻译实践训练模式，将学生的翻译实践落到实处；创新多种校企合作方式，主动对接市场需求。

（三）融合发展

教育部、财政部、国家发改委印发的《统筹推进世界一流大学和一流学科建设实施办法（暂行）》强调，一流学科建设要突出学科交叉融合和协同创新，突出与产业发展、社会需求、科技前沿的紧密衔接，深化产教融合，全面提升我国高等教育在人才培养、科学研究、社会服务、文化传承创新和国际交流合作中的综合实力。笔译课程建设需立足自身的专业特点，积极寻求与其他人文社会科学专业的交叉与融合，重视探索与自然科学相关专业的交叉融合，以促进学生素质和能力的全面提升。

二、笔译课程建设路径

笔译课程历经近二十年的发展，呈现一片欣欣向荣的景象，取得的成绩值得肯定，然而当前高校笔译课程培养的人才与语言服务市场的对接度依然不理想。基于对新文科内涵的理解，以及结合“积极应变、守正创新、融合发展”

这三大原则，笔者从培养目标、课程设置、教材建设、师资队伍建设、教学模式等方面对笔译课程建设提几点建议。

（一）明确培养目标

笔译课程本科人才培养首先应该考虑的问题是培养什么样的翻译人才，这是一个根本性的问题，是进一步讨论培养途径的基础。我们要积极应对当今世界和语言服务市场的变化，参考国内外院校的先进做法，积极应变，超前求变，调整翻译人才培养目标。

根据《中国企业“走出去”语言服务蓝皮书（2016）》中的语言服务市场需求调查显示，中译外的语种、外译中的语种中位居前五的是英、日、俄、法、德；小语种的语种需求更加多元，需求量呈现上涨态势，但整体比重不大；从语言服务类型的总体需求来看，笔译、口译、文案写作占据前三位，合起来约占语言服务市场75%的份额，其他语言服务需求比例从高到低依次是文档排版、网站本地化、语言服务培训、软件本地化、字幕和配音、本地化测试、游戏本地化等；有语言服务需求的企业也呈现多元化特征，主要集中在信息技术与通信、工程机械、能源、传媒、医药与医疗器械、建筑、金融、咨询等行业。因此语言服务行业对笔译课程人才的需求也从原来单一的语言类人才向语言、技术、管理、市场等多元技能融合的应用型、复合型人才发展。

同时可以借鉴国外高校笔译课程人才培养目标，将其明确地定位为培养面向语言服务业需求的专业翻译人才，学生毕业后可以从事笔译和基础口译工作，也可以从事第二外语的语言教学工作或者双语编辑及其他与语言服务相关的岗位。因此翻译人才的培养目标既要体现地方区域特色，又要对接语言服务市场需求。毕业生既是合格的初级通用职业翻译人才，又能有“一专之长”；既能胜任专业翻译任务，又能完成语言服务行业相关岗位的工作。有学者还将培养目标拆解成6个细分项目，分别为语言与翻译的知识层面、方法论层面、核心翻译能力层面、专业翻译中沟通层面、持续学习的能力层面和专业自主性层面，因此笔译课程建设不仅要有总体的培养目标作为总的指导方向同时还要根据各院校自身的条件，将总的培养目标进行细分拆解，便于人们更明确地、有针对性地设计课程体系、组织教学内容、明确实习实践的目标等。

（二）优化课程设置

笔译课程设置既应充分考虑翻译行业和语言服务市场对岗位人员的需求与变化，同时也要考虑新科技、新业态所带来的新变化；课程设置上既能体现笔译课程的专业性与特殊性，又要体现学科交叉、学科融合，做好超前求变的准备。根据 2018 年发布的《外国语言文学类教学质量国家标准》，2019 年《翻译专业本科教学指南》明确规定的三大模块的核心课程，即语言知识与能力模块，开设综合英语、英语听力、英语口语、英语阅读、英语写作、现代汉语、古代汉语、高级汉语写作等；翻译知识与技能模块，开设翻译概论、英汉笔译、汉英笔译、应用翻译、联络口译、交替传译、专题口译等；相关知识与能力模块，开设中国文化概要、英语国家概况、语言学概论、英语国家文学概要、跨文化交际等。根据新文科的内涵解读、语言服务市场的需求以及国家语言战略需求，翻译知识与技能模块可以增设翻译技术、翻译管理、职业素养等相关选修课程；相关知识与能力模块增设政治理论、法商科技、时政社科等选修课程。这些课程的开设单独依靠翻译系 / 学院抑或是外国语学院的资源与条件是无法实现的。在新文科建设背景下，文科内部实现跨专业交叉融合，文理、文工、文医实现跨学科交叉融合，同样自然学科也有专业交叉融合、学科交叉融合的需要，而摆在各个院校面前最大的问题是如何实行跨专业、跨院系选课。因此，从本科抓起，从一开始就为学生搭建各种跨学科的平台，使学生从一进校就广泛涉猎多学科的知识。

当然跨学科平台建设不可能一蹴而就，在课程设置时可以先进行论证分析，找到最迫切的学科交叉契合点，建设跨学科平台，如北京语言大学的“翻译 + 技术”跨学科复合型人才培养课程实现了三融合：翻译类课程和技术类课程相融合、翻译教学和教育技术相融合、跨学院教学管理过程相融合。传统意义上的课程过度重视知识的学科归属和逻辑体系，学科不断地分类、细化，忽视了知识体系的自身完整性及人的全面发展需求。复合课程群以知识主题为导向，超越学科中心，培养学生形成独特的跨越学科界限的知识视野和思维方式，塑造具有 T 型知识结构的创新型人才。因此笔译课程可以尝试设置主题翻译课程群，如法商科技翻译课程群、时政社科翻译课程群等。再如，参考苏州大学数字人文专业实验班建设理念，提炼 3 至 5 门笔译核心课程，形成一个课程组并以“微专业”的形式向全校所有专业的学生开放。这种方式通过翻译“微专业”的植入，也可以带动其他文科相关专业的转型升级和质量优化，带动文科资源的优化配置和流程重组，培育和发现新文科一流专业新的增长点和突破点。笔译课程设置也应该考虑院校所处区域的特色和区域内行业分布的特点，融合区域内社会文化特色，形成校本特色课程，增强笔译课程的竞争力和生命力。

（三）丰富教材建设

翻译学作为一门独立的学科，教材建设是其核心，它承担着传递课程理念、表达课程内容的使命。而翻译教材的发展也由最初随机摘取外文读物中的句段篇章作为练习到翻译教材初步成形（20世纪50年代），历经发展（1980—1989年）、繁荣时期（1990—1999年），到21世纪呈现出多元化、专业化的特点。翻译教材也从无到有，再到现在百家争鸣、百花齐放的局面，取得的成绩和对翻译教学做出的贡献值得肯定。就目前笔者所关注的翻译教材而言，还存在一些问题，诸如整体上多数教材的译例多涉及文学翻译，非文学翻译译例涉及较少且过于陈旧；缺少紧密联系实际的翻译教材，有些教材虽然体现了理论联系实际的理念，但仅限于指导对应的翻译练习，与真实的翻译项目间的联系较少，对真实的翻译项目练习实践几乎没有描写；翻译教材中的内容安排，容易给学生带来一种假象，认为翻译仅是语言层面的转换关系，不能对笔译课程形成宏观认识等。而就新文科建设理念而言，翻译教材建设也要积极应变，对接我国语言服务市场，体现我国笔译课程特色，体现专业交叉融合的新趋势。因此，在编写笔译课程本科教材时，要提前做好需求分析论证，结合当下翻译人才培养目标的新要求，明确具体的课程性质和课程目标，以提高学习者的理论水平和实践技能为本，结合现代教育技术手段，编写出融合理论与实践、兼顾知识和技能、体现时代特征与语言服务行业需求的教材。

此外，翻译教材的内容和形式应丰富多样，兼具知识性和实用性，体现翻译内在的文化交流功能，同时能对翻译真实项目有一定的描写，给学生提供一定的实践指南。在笔译课程教材编写中，也要拓展教材的形式，除了纸质教材之外，还要尝试建设网络模拟训练配套教材（如基于互联网的模拟翻译项目流程），嵌入相关行业背景介绍，引入翻译技术应用场景，同时能紧跟新科技、新产业和新业态的发展形势，做到实时更新，确保教材与语言服务行业现状紧密结合。

（四）加强师资队伍建设

面对语言服务行业以及国家语言战略的新需求，新文科建设视阈下各专业融合发展，传统专业范式不断转型升级，笔译课程要建设要发展，离不开师资队伍的建设。目前笔译课程师资队伍的现状是，绝大多数笔译课程的教师都没有翻译行业的从业经历，更谈不上具备有价值的经验。教师在课堂上使用的材料都是书本上的，他们连自己对所教内容是否属于翻译行业的行为也无从判别，教学的内容也只能是原来英语学科中语言问题的延伸，并非真正意义上的职业翻译行为。当然高校当中教师的考评体系，尤其是重科研、轻实践的考核机制是这一局面形成的主要原因。因此笔译课程师资队伍建设，首先要改革高校教师的考评体系。例如，专业师资队伍可以采用积累翻译实践成果的方式进行考核，比如出版的译著、明确标注译者身份的其他译作形式、有据可考的会议同传、商贸洽谈等口译实践等。其次，专业教师要在语言服务行业进行实地锻炼，积累各项语言服务相关技能，并能进行提炼、升华和转化，把鲜活的知识技能带入课堂。有了语言服务岗位的实践经验，专业教师授课时，往往会摆脱教材书本的束缚，切实提高自身的翻译教学能力。再次，专业教师也要关注到语言服务行业动态，以此为基础，从事一定的教学研究和科学研究，从而站在学术前沿和行业发展前沿，更好地服务于翻译教学。最后，为专业教师尤其是青年教师提供多渠道的国内外研修方式，积极发挥校外导师的作用，开设校外导师与校内导师交流合作的平台，帮助教师了解和掌握各种翻译或者语言服务行业相关新动态、新技术运用等。

（五）创新教学模式

传统的翻译教学模式多以“教师为中心”，教师阐述某一理论，结合译例进行翻译技巧介绍，再辅以课本练习进行强化训练。这样的教学模式在学生入门初期可以适当采用，但对学生的翻译实践能力而言，这种方式的效果并不理想；并且课堂授课时间非常有限，仅凭课堂时间想提高学生的翻译实践能力也不切实际；再者传统翻译课堂讲授的内容比较单一，无法满足未来语言服务市场的多元化需求，直接影响应用型、复合型翻译人才的培养。改变传统的翻译教学模式，应从以下几方面入手。

首先，采用建构主义理念，建立以“学生为中心”的教学模式。教师不再以翻译知识和技能的传播与呈现为主，而是扮演课堂的组织者、指导者和协作者，为学生创设良好的学习条件和环境，提供丰富的课程学习资源，激发学生的学习动机，和学生一起探讨合理的学习策略。教师可以模拟真实的翻译项目流程，利用平台引入虚拟翻译项目，做好项目规划与设计，在这一过程中，学生由原来的被动接受者，转变为主动参与者，成为知识的探究者和意义建构的主体，从而充分发挥其主观能动性和创造性，促进学生的综合实践能力的生成，有利于复合应用型笔译课程人才的培养。

其次，借助互联网和慕课等课程资源平台，打造在线金课，建立丰富多彩的课程资源库，及时有效地推送客观真实的翻译项目实例给学生，弥补教材资源单一之不足。有条件的院校可以结合自身特点，采取教师带领学生分学科、分行业领域建立语料库的方式，帮助学生了解行业术语，了解不同行业领域的翻译规范。

最后，创设真实的翻译实践情境，有效提升学生的翻译实践能力。校企合作是提升学生翻译实践能力的有效方式。高校可以聘请校外导师到学校讲授翻译实践相关课程。同时，翻译实践也是翻译教学的重要组成部分。学校要积极引导、转变学生对于翻译实践的理解，并非只有到翻译公司进行口笔译实践才是翻译实践，到涉外公司企业、团体等跟国际交流相关单位都可以，也可以到涉外媒体、出版社等。

第五节　新文科建设视阈下英语笔译混合式教学模式

新时代呼唤新的教育教学模式，时代的发展对教育教学提出了新的要求。在信息技术高度发展、国际化进程加速的时代背景下，迎合高等教育内涵式发展的要求，外语教学需要与之适应，外语教学模式需要延伸。“新文科”就是新时代的产物，是相对于传统文科进行的学科重组和文理交叉，即把新技术融入哲学、文学、语言等诸如此类的课程中，为学生提供综合性的跨学科学习。

一、教学理念

英语笔译混合式教学模式体现了“以教师为主导，以学生为主体”的教学理念，通过探究式、合作式活动引导学生积极思考和实践，通过新知识、文化点和学习策略的讲解帮助学生掌握正确的学习方法，使教学活动真正实现了由“教”向“学”的转变。教学过程中教师应充分利用信息技术教育手段，实现课堂教学与自主学习的有效结合，同时拓展交互式、开放式、移动式的教学渠道，满足学生在多模态环境下的个性化学习。教师要引导学生辨别多元视角、对比不同文化、深入思考问题，使学生成为具有社会责任感、国际视野和创新精神的复合型国际化外语人才。教学要紧紧围绕立德树人的根本任务，以及“培养什么人、怎样培养人、为谁培养人”的首要问题，以习近平总书记提出的“六个下功夫”为指导，秉承“为党育人、为国育才”的宗旨，坚持加强和改进思想政治工作，着力构建思想政治工作能力体系，建立全员育人、全过程育人、全方位育人的工作体系和运行顺畅的工作机制，形成“三全育人”大格局。

二、教学设计

教学设计围绕教学目标、教学内容、组织实施和多元评价需求进行整体规划，使教学策略、教学方法、教学过程、考核方式等设计更加合理。

（一）教学模式

1.“2+2”的教学模式

笔译教学可以采用线下教室授课和线上学习的模式，即每周 4 学时的教学任务，2 小时在教室进行授课，2 小时线上学习。其中 2 小时线上学习包括 1 小时线上的课前预习（翻转模式）和 1 小时的课后线上巩固（反馈）。

2. 立体化的教学模式

笔译教学可以采用立体化的模式，实现教学三结合，即线上与线下结合、理论性与实践性结合、思辨环节与展示环节结合。

（1）线上与线下结合

课前准备采用线上形式，教师利用线上教学平台提前布置预习内容，课堂授课时检查预习内容，根据学生掌握的情况进行打分，将分数作为平时成绩的一部分，对学生掌握不好的内容进行重点讲解。

（2）理论性与实践性结合

课堂讲解理论的内容，让学生识记词汇、句型、写作技巧等，课后利用课堂所学内容进行实践，培养学生遣词造句、连句成段、连段成篇的能力，进一步巩固课堂所学知识。

（3）思辨环节与展示环节结合

课堂教学中“留白”，给学生独立思考的空间，培养学生的思辨能力和批判性思维。课堂上给学生自我展示的机会，让学生充分认识自我，增强学生的自信心和参与度，使课堂“活”起来，使学生“忙”起来，使教学“动”起来。

3. 延伸的教学模式

笔译教学还可以采用延伸模式。教学三延伸是指向课外延伸、向课程思政延伸、向全人教育延伸。除了课堂传授知识外，教师要让学生拓宽视野、开阔眼界，了解校园之外的世界，这就要利用现代教育技术，使学生充分正确地利用网络，学习课堂之外的知识。教师要培养具有健全人格、能够担当时代重任、具有国际视野的复合型外语人才。在整个笔译课程教学过程中，教师要贯穿知识传授、能力培养、价值塑造“三位一体”的教学模式。

（二）“立德树人”作用

笔译课堂教学要坚持立德树人，结合学科专业特色，深入挖掘课程的思想政治教育元素和德育功能，并有机融入知识讲授中，形成课程思政典型教学案例，体现以学生发展为中心的教学理念，注重学生德、智、体、美、劳全面发展。教学中坚持立德树人的教学理念和目标，结合英语笔译课程的特色，重点强化学生的国家情怀、文化自信，提升学生的社会责任感、人文素养和创新意识。

（三）新文科理念的融入

新文科是文科教育的创新发展，旨在培养知中国、爱中国、担当民族复兴大任的新时代文科人才。新文科视阈下的英语笔译教育旨在打好语言基础，拓宽文史知识，重视能力培养，提高创新思维能力，提高解决问题的能力。其特点在于学科重组、文理交叉，突出特征在于新导向、新融合、新培养，更加强调跨学科融合，更加强调通过实践培养人才，更加注重复合型人才培养。以学科交叉、知识融合为导向的新文科建设必须提高政治站位、拓宽学生的眼界，努力培养未来国家急需的复合型人才，进而为新时代新发展提供新动力。因此，在英语笔译教学中，要融入新文科理念。

三、教学评价

教学的一个重要环节就是教学评价，英语笔译教学也不例外。要想了解教学效果，全面、客观的评价体系不可或缺。教师通过教学评价，获取教学反馈信息，从而不断改进教学方法，以此提高教学质量。学生通过教学评价，可以不断改进学习方法，调整学习策略，提高学习效率。英语笔译教学评价由形成性评价和终结性评价构成。

（一）形成性评价

形成性评价是英语笔译教学的重要组成部分和推动因素。形成性评价能够对学生日常学习过程中的表现、所取得的成绩和存在的问题等方面进行综合评价。形成性评价旨在激励学生学习，使其能够有效地控制学习过程，从而产生获得感，自信心也随之增强。形成性评价具体包括以下内容。

第一，课堂参与度评价；

第二，学习效果自评；

第三，期中考试随堂测验；

第四，期末闭卷考试。

形成性评价可采用等级评定或评分等评价方式。学生的平时表现（如作业、预习、课前学习内容准备、回答问题、分组讨论、合作学习）占总评成绩的 40%，期中成绩占 10%，期中考试可以由教师自行命题、随堂考查。

（二）终结性评价

终结性评价可以用来检测学生综合语言运用能力的发展程度，反映教学效果，衡量学校的办学质量。终结性评价的目的是考查学生综合语言运用能力，可以科学地、全面地考查学生在经过一段学习后所具有的语言水平。终结性评价的一个重要部分是课程考试，通过课程考试，可以检查教学大纲执行情况，评估教学质量，获取教学反馈信息，以此改进教学工作。期末考试题的编制可以根据学校的英语笔译考试大纲进行，试题内容重点在于考核学生的语言基础和语言综合应用能力，期末考试成绩占总评成绩的 50%。

四、教学改革

（一）改革教学方法

英语笔译教学改革要充分利用现代教育技术，改变传统的“满堂灌”的授课方式，通过线上线下有机结合来深入践行知识传授、能力培养和价值塑造“三位一体”的教学模式，使课堂教学真正“活”起来。

（二）改革教学内容

新时代对人才培养提出了新的要求，当然英语笔译课程教学内容也要与之相适应。英语笔译课程不仅仅强调知识点的传授，更重要的是新理念、新思想的注入。为了迎合高等教育内涵式发展的要求，在英语笔译课程教学中，各个学校要结合自身的特色，践行知识传授、能力培养和价值塑造“三位一体”的教学模式，注重对学生知识、能力、素质、人格的培养。

（三）改革考核评价方式

课程考核由平时考核、期中考核、期末考核构成。学校要科学设计考核方案，增加平时考核比重。英语笔译课程的平时成绩可包括出勤、作业、课堂交流与提问、小组讨论、文献阅读、读书报告、调查报告、科学研究等，出勤及纪律占 10%，课堂互动、随堂作业和测验、课堂表现占 30%，线上小组讨论占 20%，课后作业（读书笔记、调查报告、科学研究等）占 20%，课前准备等（线上翻转课堂模式）占 20%。

综合应用笔试、口试、非标准答案考试等多种形式，科学确定课堂问答、学术论文、调研报告、作业测评、阶段性测试等方面的考核比重，全面考核学生对笔译知识的掌握和运用，以考辅教、以考促学。

1. 周评价

每周开展 1 次在线测试活动，启发学生思考问题，提升学生的课程学习体验感。测试设置课间提问、随堂测验、单元作业、课堂讨论等学习任务，以帮助学生有效地进行学习。

2. 月评价

每月底进行一次月评价，每个学生提交一篇笔译学习报告，总结本月学习收获，反馈学习中存在的问题。

3. 期末评价

期末评价可以采用多元化的评价方式，例如，在线视频学习行为评价、在线讨论区参与度评价、日常学习效果测试、期末理论考核测试。

（1）期末评价（过程性评价）

A. 平时成绩（30%）：视频学习、课堂答题、讨论、作业等。

B. 翻转课堂（20%）：小组调研开展情况、课堂报告等。

C. 课外实践（10%）：参与课外实践活动。

D. 期末考试（40%）：由线上考试和线下考试两个部分组成。

（2）期末评价（多元化评价）

A. 慕课学习（20 分），学生自主学习视频，然后完成课后作业，参与线上讨论，完成期末在线自测考核。具体评价内容：个人视频学习情况、期末线上测试、参与线上讨论情况（根据发言统计量给成绩，6 次为最低标准）。

B. 参加小班讨论 2 次（20 分），每次满分 10 分。（讨论课评价标准：积极参与 A：10 分，一般参与 B：8 分，课上未发言 C：5 分，报名却未到课堂 D：0 分）。

C. 大班课程作业（20 分），作业由授课教师置，笔译练习和自我成长总结报告。

D. 期末考试（线下部分）（40 分），由课程组确定考试内容。

在考核评价过程中，教师应注重对学生的学习过程管理，主动吸收学生、同行对课程教学目标、教学内容、教学组织等的意见和建议，不断进行优化，提升教学效果。

新时代的英语笔译教学要体现新的理念，要使信息技术与教育教学深度融合，促进人才培养模式和教学方法的改革；需要通过大数据技术，优化教育教学的全过程。

参 考 文 献

[1] 冯改. 大学英语教学模式问题与对策研究 [M]. 北京：中国商务出版社，2017.

[2] 许西萍. 基于网络多媒体的大学英语教学模式的研究 [M]. 长春：吉林大学出版社，2017.

[3] 李冰冰. 英语教学与翻译理论研究 [M]. 北京：北京理工大学出版社，2017.

[4] 鲁萍. 英语教学与翻译研究 [M]. 北京：光明日报出版社，2010.

[5] 陈福康. 中国译学理论史稿（修订本）[M]. 上海：上海外语教育出版社，2000.

[6] 高华丽. 中外翻译简史 [M]. 杭州：浙江大学出版社，2009.

[7] 吴岩. 新使命 大格局 新文科 大外语 [J]. 外语教育研究前沿，2019，2（2）：3-7.

[8] 樊丽明. "新文科"：时代需求与建设重点 [J]. 中国大学教学，2020（5）：4-8.

[9] 王铭玉. 新文科：一场文科教育的革命 [J]. 上海交通大学学报（哲学社会科学版），2020，28（1）：19-22.

[10] 王铭玉，张涛. 高校新文科建设思考与探索：兼谈外国语言文学学科建设 [J]. 天津外国语大学学报，2019，26（6）：1-7.

[11] 郭英剑. 对"新文科、大外语"时代外语教育几个重大问题的思考 [J]. 中国外语，2020，17（1）：4-12.

[12] 戴炜栋，胡壮麟，王初明，等. 新文科背景下的语言学跨学科发展 [J]. 外语界，2020（4）：2-9.

[13] 王宁. 新文科视野下的外语学科建设 [J]. 中国外语，2020，17（3）：4-10.

[14] 周亚莉. 翻译专业笔译教学：理念与方法 [J]. 中国翻译，2013，34（5）：39-43.

［15］李依帆，姜诚．高校英语专业笔译实践课程改革研究 [J]．文学教育（下），2019（11）：150-151.

［16］曾建萍．英语专业笔译课程教学与思辨能力的培养 [J]．云梦学刊，2015，36（2）：139-143.

［17］阮玉慧．笔译课程中思辨能力的培养 [J]．安徽工业大学学报（社会科学版），2019，36（1）：47-49.

［18］常滔．应用型人才培养视角下的英语笔译课程教学改革研究 [J]．校园英语，2020（33）：7-8.

［19］裴亚楠．基于翻转课堂的英语笔译教学探究 [J]．教育教学论坛，2020（32）：262-264.

［20］阮玉慧．英语专业笔译课程教学改革探索 [J]．安徽工业大学学报（社会科学版），2011，28（3）：54-55.